日本の絶景
東京

日本の絶景

おとな旅プレミアム

東京
CONTENTS

パノラミックTOKYO
SHIBUYA SKY ……6
東京タワー ……10
東京スカイツリー® ……14

東京夜景
六本木ヒルズ展望台 東京シティビュー ……18
KITTE丸の内 屋上庭園 ……20
フジテレビ 球体展望室 はちたま ……22
東京都庁展望室 ……24
千鳥橋 ……25
汐入公園 ……26

四季を祝う可憐な花々
目黒川 ……28
千鳥ヶ淵 ……32
国営昭和記念公園 ……36
塩船観音寺 ……40
水元公園 ……42
亀戸天神社 ……44
木下沢梅林 ……46
平井運動公園 ……48
神代植物公園 ……50
小岩菖蒲園 ……51
根がらみ前水田 ……52
わんダフルネイチャーヴィレッジ ……53

先端技術が誘う幻想世界
森ビルデジタルアート ミュージアム：エプソン チームラボボーダレス ……58
マクセル アクアパーク品川 ……62
アートアクアリウム美術館GINZA ……64
Galaxy Harajuku ……66

新緑が彩る東京原風景
等々力渓谷 ……70
高尾山登山道 ……74
奈良ばい谷戸 ……78　秋川渓谷 ……80
奥多摩湖 ……82　石神井公園 ……84
町田薬師池公園 ……85
玉川上水 ……86　竹林公園 ……87
すずめのお宿緑地公園 ……88
御岳渓谷 ……89

街角に匂う異国
汐留イタリア街 ……92
ラ・ヴィータ 自由が丘 ……96
築地本願寺 ……98　湯島天神 ……102
高輪プリンセスガルテン ……103
東京ジャーミイ・トルコ文化センター ……104
浮間公園 ……105

遠くて近い東京の島
新島 ……110　八丈島 ……114
大島 ……118　御蔵島 ……122
神津島 ……124　三宅島 ……126

創意あふれる近未来建築
東京国際フォーラム …… 130
国立新美術館 …… 134
東京カテドラル聖マリア大聖堂 …… 136
モード学園コクーンタワー …… 138
松濤美術館 …… 139

寺社、美の巡礼
浅草寺 …… 142　　明治神宮 …… 146
日枝神社 …… 148　　増上寺 …… 149
豪徳寺 …… 150　　寛永寺 …… 151

江戸情緒香る庭園の粋
浜離宮恩賜庭園 …… 154
六義園 …… 158
新宿御苑 …… 160
小石川後楽園 …… 162
殿ヶ谷戸庭園 …… 164
向島百花園 …… 166
清澄庭園 …… 167

水辺に映える橋の造形美
レインボーブリッジ …… 170
日本橋 …… 174
東京ゲートブリッジ …… 178
聖橋 …… 180　　二重橋 …… 181

COLUMN
江戸の花絶景 …… 54
都心の雲海 …… 68
東京の森カフェ …… 90
東京の洋館 …… 106
小笠原諸島の自然 …… 128
未来の東京絶景 …… 140
華の『江戸三大祭り』…… 152
緑豊かな絶景ホテル …… 168
隅田川絶景クルーズ …… 182

絶景MAP …… 184
INDEX …… 190

本書のご利用にあたって
● 本書中のデータは2025年2月現在のものです。料金、営業時間、休業日、メニューや商品の内容などが、諸事情により変更される場合がありますので、事前にご確認ください。
● 本書に紹介したショップ、レストランなどとの個人的なトラブルに関しましては、当社では一切の責任を負いかねますので、あらかじめご了承ください。
● 営業時間、開館時間は実際に利用できる時間を示しています。ラストオーダー(LO)や最終入館の時間が決められている場合は別途表示してあります。
● 営業時間等、変更する場合がありますので、ご利用の際は公式HPなどで事前にご確認ください。
● 休業日に関しては、基本的に定休日のみを記載しており、特に記載のない場合でも年末年始、ゴールデンウィーク、夏季、旧盆、保安点検日などに休業することがあります。
● 料金は消費税込みの料金を示していますが、変更する場合がありますのでご注意ください。また、入館料などについて特記のない場合は大人料金を示しています。
● 宿泊料金に関しては、「1泊2食付」「1泊朝食付」「素泊まり」は特記のない場合1室2名で宿泊したときの1名分の料金です。曜日や季節によって異なることがありますので、ご注意ください。
● 交通表記における所要時間、最寄り駅からの所要時間は目安としてご利用ください。
● 駐車場は当該施設の専用駐車場の有無を表示しています。
● 掲載写真は取材時のもので、料理、商品などのなかにはすでに取り扱っていない場合があります。
● 掲載している資料および史料は、許可なく複製することを禁じます。

データの見方
☎ 電話番号　　料 料金
交 アクセス　　P 駐車場
所 所在地
開 開館／開園／開門時間
営 営業時間
休 定休日

地図のマーク
SC ショッピングセンター　　✈ 空港
S ショップ　　⬇ 港・旅客線ターミナル
観光案内所　　バス停

変貌する首都を展望する
パノラミックTOKYO

高層ビルの建設が相次ぐ東京で、まだ見ぬ高みを目指して、
昭和、平成、令和に建てられた3つの展望スポット。
絶え間なく進化を続ける街の未来を一望する。

進化を遂げる渋谷の高層から
未来の東京を夢想する

東京のビル群をはるか遠方まで見渡せる。眼下にはスクランブル交差点も

パノラミック TOKYO

地上229m
SHIBUYA SKY
SKY STAGE
渋谷スクランブルスクエアの屋上に位置する広さ約2500㎡の展望エリア。360度の大パノラマが広がる

SKY STAGEの北西角、直下のスクランブル交差点を見下ろせるSKY EDGEは人気のフォトスポット

地上229m
SHIBUYA SKY
CLOUD HAMMOCK
寝そべりながら空を見上げることができる白いネットを設置。屋上にあるため空が近く感じられる

地上229m
SHIBUYA SKY
SKY GALLERY
渋谷の眺望を背後に、最新技術を駆使した映像コンテンツや展示が楽しめる屋内展望回廊

SHIBUYA SKY
シブヤスカイ

渋谷区 MAP P.188 B-2

渋谷スクランブルスクエアの高層階に位置し、日本最大級の屋上展望空間を持つ展望スポットから、進化を続ける街を一望！

14階〜45階をつなぐSKY GATE、46階のSKY GALLERY、屋上のSKY STAGE、3つのゾーンで構成された展望施設。日本最大級の屋上展望空間、SKY STAGEにはソファやハンモックが備えられ、くつろぎながら眼下に広がる絶景を楽しめるほか、4月下旬〜12月下旬に季節限定のルーフトップバーがオープン。渋谷区のブルワリーと共同で開発したクラフトビールを片手に、美しい夜景を堪能することもできる。

INFORMATION

☎03-4221-0229（渋谷スクランブルスクエア） 交各線・渋谷駅直結 所渋谷区渋谷2-24-12 休公式HPで要確認 料2700円〜（時間により変動あり） Pなし

展望観賞後のお楽しみ

46階
Paradise Lounge
パラダイスラウンジ
MAP P.7- 1

展望楽しいミュージック・カフェ・バー

世界で活躍するDJがセレクトした音楽が流れる空間で、ホットドッグやフライドポテトなどのメニューをモダンにアレンジしたメニューが楽しめる。オリジナルカクテルなどアルコールも充実。
営10:00～22:00(LO) 休公式HPで要確認

46階
SHIBUYA SKY SOUVENIR SHOP
シブヤスカイスーベニアショップ
MAP P.7- 2

オリジナルアイテムが豊富に揃う

SHIBUYA SKY のビジュアルイメージをプリントしたTシャツや渋谷の街のイラストが描かれたパッケージの焼き菓子など、渋谷ならではのアイテムが充実。
営10:00～22:30 休公式HPで要確認

地上229m
SHIBUYA SKY
GEO COMPASS
SKY STAGEの最も高い場所にあるコンパスには世界各都市までの距離が記されている

SKY STAGEでは毎日19時から30分おきに時刻を示すCROSSING LIGHT が上空に向かって輝く

パノラミック TOKYO

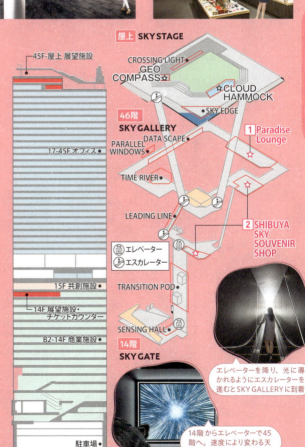

14階からエレベーターで45階へ。速度により変わる天面の映像が期待感を高める

エレベーターを降り、光に導かれるようにエスカレーターを進むとSKY GALLERYに到着

昭和の記憶がそびえる
夢見心地の東京のシンボル

高さ250m

東京タワー
トップデッキ

ツアーに参加して入場できる、360度ガラス張りの展望台。2024年にリニューアル

パノラミックTOKYO

ツアーでは音声ガイダンスが渡され、向いている方角に応じて解説が流れる

トップデッキに設置されたジオメトリックミラー。天井の幾何学模様の鏡が景色を映し出し幻想的

地上150m
東京タワー
メインデッキ
お台場や高層ビル群、晴れていれば富士山など王道の東京展望が楽しめる広々としたデッキ

東京タワー
とうきょうタワー

港区 MAP P.189 D-2

未来と歴史の両方を詰め込んだ東京タワーの展望は今も変わらぬ東京観光の王道。進化を続けるリニューアル要素にも注目。

高さ150mのメインデッキと250mのトップデッキが東京タワーの展望施設。スカイウォークウィンドウから真下を見下ろせるおなじみのメインデッキも魅力的だが、リニューアルによって「光畳」が設置され、さらにきれいになったトップデッキも必見。東京タワーの歴史を感じることができる体験型展望ツアー「トップデッキツアー」は通年で参加可能だが、できれば前日までに予約を済ませておくのを推奨。

INFORMATION

📞03-3433-5111(代表)
🚇地下鉄・大江戸線 赤羽橋駅から徒歩5分／地下鉄・日比谷線神谷町駅から徒歩7分 📍港区芝公園4-2-8 🕘9:00～23:00 💴メインデッキ(150m)は1500円 🅿あり

展望観賞後のお楽しみ

メインデッキ1階
カフェラ・トゥール
MAP P.11- 1

大パノラマを眺めてひと息つこう

メインデッキの中にあり、展望を楽しみながらドリンクやソフトクリームを味わえるカウンター席が魅力的なカフェ。夜景を眺めてゆったりするのもおすすめ。

☎070-4080-9810 営9:30〜22:30 (LO22:00) 休無休

メインデッキ2階、フットタウン3階
THE SKY、GALAXY
ザ スカイ、ギャラクシー
MAP P.11- 2

東京タワーゆかりのグッズがずらり

東京タワーが直営するオフィシャルショップ。ペアぬいぐるみ3400円や東京タワーお守り550円など、ここでしか手に入らないオリジナルグッズが目白押し。

☎03-3433-5114 営メインデッキ2Fは9:00〜22:30、フットタウン3Fは9:00〜22:45 休無休

メインデッキ2階
タワー大神宮
タワーだいじんぐう
MAP P.11- 3

合格祈願や縁結びにご利益

昭和52年(1977)に来訪者の安全・健康を願って建立された東京タワー内の神社。メインデッキ2階東京タワーオフィシャルショップ「THE SKY」では御朱印を授与されることもできる。

☎03-3433-5121(東京タワー) 営メインデッキに準ずる

フットタウン2階
TOKIO 333
トキオサンサンサン
MAP P.11-

人気の東京銘菓やおみやげが充実

「東京ばな奈」や「名菓ひよ子」など定番の東京みやげが揃うショップ。和テイストの雑貨など海外からの観光客にもオススメできるグッズがたくさん。

☎03-3431-1491 営9:30〜21:30 休無休

リニューアルで床に敷き詰められた「光畳」はさまざまな色に変化してムードを盛り上げる

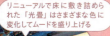

メインデッキに向かうときは外階段からの景色も変わらず楽しむことができる

メインデッキのスカイウォークウィンドウ。ガラス張りの足元から地面を見下ろせる

パノラミック TOKYO

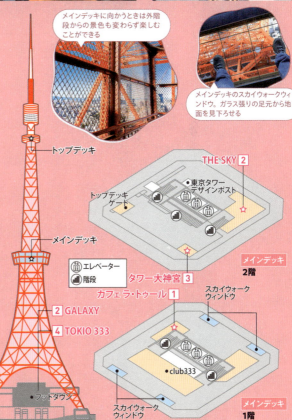

11

天望回廊は窓が外側にせり出したチューブ状の設計。空に浮かんでいるような感覚を得られる

地上350m
東京スカイツリー
天望デッキ
地上350m・345m・340mの3フロアからなる展望施設。ガラス窓はなんと高さ5mの迫力

東京スカイツリー®
とうきょうスカイツリー

墨田区　MAP　P.187 F-3

高さがギネス世界記録™に認定されたタワーからの展望は青空がさえ渡る絶景。まるで別世界のような天望回廊の演出も素敵。

　東京スカイツリーの展望施設は地上350m、345m、340mにある天望デッキと、地上445mかららせん状に地上450mまでスロープを上ってゆく天望回廊の2つ。入場券はそれぞれに専用のものと、セット券の両方がある。天望デッキにはカフェやレストランなどの施設も多く、天望回廊はチューブのように外側に膨らんだ通路を、まるで空中を散歩するように進み、唯一無二の体験ができる。ぜひ双方ともに楽しみたい。

INFORMATION

☎0570-55-0634
（東京スカイツリーコールセンター）
🚃東武伊勢崎線とうきょうスカイツリー駅からすぐ／地下鉄・半蔵門線押上駅からすぐ　📍墨田区押上1-1-2　🕐月～金曜は10:00～22:00、土・日曜、祝日は9:00～（入場は～21:00）　💴2100円～　🅿あり

14

展望観賞後のお楽しみ

天望デッキフロア345
SKYTREE SHOP
スカイツリー ショップ
MAP P.15- 1

ブランドとのコラボ商品も多数

ソラカラちゃんマスコット1650円など、スカイツリーに関連するおみやげが揃うオフィシャルショップ。
🕐10:15～21:45(土・日曜、祝日9:30～)
🚫天望デッキに準ずる

© TOKYO-SKYTREE

天望デッキ フロア340・天望デッキ フロア350
SKYTREE CAFE
スカイツリー カフェ
MAP P.15- 2

はるかな展望で全席が特等席

天望デッキ内に2カ所あるカフェ。いずれも眺望を楽しみながら軽食やオリジナルスイーツを味わうことができる。
🕐10:15～21:45(土・日曜、祝日9:30～ LO21:15)
🚫天望デッキに準ずる

天望デッキフロア345
Sky Restaurant 634 (musashi)
スカイ レストラン ムサシ(ムサシ)
MAP P.15- 3

絶景とともに味わう創作フレンチ

フランス料理をベースにしつつ、食材や調味料、器にいたるまで厳選された和のテイストを取り入れているレストラン。
🕐12:00～16:00(土・日曜、祝日11:30～、入店は～14:00)、17:30～22:00(入店は～19:30) 🚫無休

© Tobu Hotel Management

1階
SKYTREE GALLERY
スカイツリー ギャラリー
MAP P.15- 4

スカイツリーの避雷針が実寸で展示

スカイツリーのことが楽しくわかるギャラリー。スカイツリーに関係する雑学がクイズ形式で紹介されていたり、建設当時の写真が展示されていたり見どころ多数。
🕐🚫見学自由

最高到達点にある「ソラカラポイント」。光とガラスの曲面が、外の景色を幻想的に彩る

パノラミック TOKYO

天望回廊 フロア450
ソラカラポイント 最高到達点451.2m
・高精細望遠鏡
・フォトサービス
天望回廊

天望回廊 フロア445

SKYTREE ROUND THEATER
SKYTREE CAFE 2
・高精細望遠鏡
天望回廊チケットブース
・高精細望遠鏡
WISH RIBBON
フォトサービス
・高精細望遠鏡

天望デッキ フロア350
1 SKYTREE SHOP
SKYTREE MINILABO

天望デッキ フロア345
3 Sky Restaurant 634 (musashi)

天望デッキ フロア340
・ガラス床
・フォトサービス
2 SKYTREE CAFE

1 SKYTREE GALLERY

🔼エスカレーター
🔼階段

天望回廊
天望デッキ

15

Tokyo さんざめく光の大海原

高層ビルが立ち並ぶ東京の街は、日が沈むとまさに
宝石をちりばめたような美しい景色へと姿を変える。
見る場所や季節によっても異なる街明かりを求めて、夜景スポットへと出かけてみよう。

巨大なガラス窓のフレームの先
燦然と輝く数々のランドマーク

東京夜景

今も昔も変わらぬ存在感を放つ東京タワーの姿はひときわ美しい

海抜250mの東京シティビューからは臨海副都心の景色まで見渡せる

六本木ヒルズ展望台 東京シティビュー
ろっぽんぎヒルズてんぼうだい とうきょうシティビュー

港区 MAP P.188 C-2

六本木の街にそびえ立つ、現代アートの発信地である森タワー。52階にある展望台の先には、華やかな都心の夜景が広がる。

　東京シティビューは、六本木ヒルズ森タワー52階、海抜250mに位置する展望台。東に東京タワーとレインボーブリッジ、西には渋谷エリアのまばゆい街並み、北には新宿に林立する高層ビル群や国立新美術館などが見渡せる。また、展望台内にある「スカイギャラリー」では、眺望と融合した様々な展覧会やイベントを随時開催。同フロアにはカフェ&レストランやショップも併設されており、煌めく夜景とともに、ゆったりとした時間を満喫できる。

INFORMATION

📞03-6406-6652
所港区六本木6-10-1 六本木ヒルズ森タワー52F 交地下鉄・六本木駅から徒歩3分 営10:00〜22:00(入館は〜21:30) 休不定休 料1800円〜 Pあり

夜景観賞後のお楽しみ

53階
森美術館
もりびじゅつかん

個性豊かな企画展に胸躍らせて

「同時代の文化を体験できる場」としてさまざまな企画展を開催。展示内容もアートや建築、デザインなど多岐にわたる。ミュージアムショップも併設しており、おみやげ選びも楽しい。 ➡P.135

内観(センターアトリウム)
画像提供：森美術館
Center Atrium
Photo courtesy: Mori Art Museum, Tokyo

52階
Museum Restaurant THE MOON
ミュージアム レストラン ザ ムーン

絶景やアートの帰りに立ち寄りたい

展望を楽しみながら人気のアフタヌーンティーから、ランチやディナーまで楽しめる。☎03-3470-0052 [開]11:00～22:00(レストランは金・土曜は～23:00) [休]無休(貸切営業日あり)

地下1階
フード＆ギフトエリア

東京の名店が多数集結

六本木ヒルズだけの限定品が目白押しのギフトショップ12店舗と、専門店の味をテイクアウトやイートインで楽しめる飲食店7店舗がずらり。

☎03-6406-6000 (六本木ヒルズ) [開休]六本木ヒルズに準ずる

イベントによって階層に変動あり
六本木天文クラブ
ろっぽんぎてんもんクラブ

特別な場所で広い星空を堪能

年間を通して開催される、星空にまつわるさまざまなイベント。仕事帰りやデートなど、誰でも参加可能(要予約)。毎月第4金曜に星空観望会が開催される。

☎03-6406-6652(東京シティビュー) [開休]イベントにより変動あり

東京夜景

東京タワーをはじめとした東京のランドマークが一望できる豪華な光景

天気が良い日には光り輝く都心の彼方に富士の輪郭がくっきりと浮かび上がるのが見える

天井11メートル、全面ガラス張りの解放感あふれる空間が広がる

19

照らし出されるあでやかな東京駅
高層ビル群との心躍る競演

KITTE丸の内 屋上庭園
キッテまるのうち おくじょうていえん

千代田区 MAP P.187 D-4

JR東京駅南口に建つ日本郵便が手がける商業施設。その屋上から、日常を癒やしに変える幻想的な風景に浸ることができる。

　旧東京中央郵便局の一部を保存・再生したKITTE丸の内6階に広がる屋上庭園「KITTEガーデン」。丸の内の高層ビル群を見上げる位置に設けられた約1500㎡の開放感あふれる庭園からは、高層の展望台とはひと味違う景色を楽しめるのが魅力だ。何より、眼下には大正3年（1914年）の竣工当時の姿に復元された東京駅丸の内口の赤レンガ駅舎がライトアップされ、近代的なビル群と融合する風景は絶妙。オフィスビルの窓明かりが灯る平日の夜に訪れるのがおすすめだ。

INFORMATION

☎03-3216-2811
交JR東京駅徒歩約1分／または地下鉄・丸ノ内線東京駅からすぐ 所千代田区丸の内2-7-2 営11:00～23:00(日曜、祝日は～22:00) 料無料 Pあり

臨海副都心の大パノラマを背後に
華麗なレインボーブリッジが色めく

フジテレビ球体展望室 はちたま
フジテレビきゅうたいてんぼうしつ はちたま

港区 MAP P.189 F-3

東京の夜景聖地のお台場にあり、その建物自体が東京のランドマークのひとつに数えられる、人気の絶景スポットでもある。

　フジテレビ社屋の地上100mに設置された直径32mの球体。内部も球状になっており、大きなガラス窓からは270度の景色が一望できる。展望台の目の前にはレインボーブリッジが架かり、東京湾岸から眺める都心方向のランドマークが見事に映える。ただし、ここからの夜景は展望台の入場制限が18時までとなっているため、冬場だけの絶景だ。澄んだ空気のなか、イルミネーションに彩られた景色を見に足を運びたい。イベント開催日は時間延長されることもある。

INFORMATION
☎0570-088-081 ⾓港区台場2-4-8 交ゆりかもめ台場駅から徒歩3分 営10:00～18:00（入場は～17:30）休月曜 料800円 Pなし

首都を見下ろす2つの展望室
どこまでも広がる光の洪水

南西方面は新宿パークタワーや東京オペラシティなどの夜景がダイナミック

東京都庁展望室
とうきょうとちょうてんぼうしつ

新宿区 MAP P.185 E-2

360度に広がる夜景は名だたるランドマークが勢揃いした圧巻の大パノラマ。年齢を問わず楽しめる東京夜景の定番スポット。

　高さ243m、48階建ての都庁の第1本庁舎の45階、地上202mにある北展望室と南展望室は、東京スカイツリー、富士山などが望め、東京を一望する夜景が楽しめる。展望室内ではカフェや物販スペースを利用することができ、新宿副都心を中心に東京の高層ビル群が織りなす夜景を堪能できる。南展望室では草間彌生デザインの「都庁おもいでピアノ」で、居合わせた人々との思わぬ出会いを楽しめる。

INFORMATION

☎03-5320-7890(平日10:00～17:00)
🏠新宿区西新宿2-8-1 東京都庁第一本庁舎 45F 🚇地下鉄・都庁駅前からすぐ 🕐9:30～22:00(最終入室北展望室17:00、南展望室21:30) 🗓北展望室第2・4月曜、南展望室第1・3火曜(祝日の場合は各翌日休) 💴無料 🅿あり(有料、8:00～22:00)

24

運河を挟み少し遠めに眺めるプラントや、停泊する消防艇も見どころ

闇と光が織りなす
巨大プラントの豪華パレード

東京夜景

千鳥橋
ちどりばし

川崎市 MAP P.185 E-3

川崎市の京浜工業地帯に広がる工場夜景の入口として、全国的にも注目されているスポットのひとつ。

　千鳥運河に架かる、千鳥町と夜光町とをつなぐ橋。ここから南西方向に、運河を挟んで石油プラントやガスタンクの配管設備による構造美と、運河に映える幻想的な夜景を楽しむことができる。時折、煙や炎が噴き上がる様子などにも注目したい。橋の両側に歩道があり、橋の上から夜景観賞をすることができるが、大型車が行き交う環境のため、注意が必要。また、大型車が通ると橋が揺れるため、写真撮影の際にはうまくタイミングを計ることもポイントになりそうだ。

INFORMATION

🅿 なし
所 神奈川県川崎市川崎区千鳥町1 交 首都高速湾岸線・大師ICから約8km 料 休 見学自由 P なし

隅田川に今昔の文化が浮かぶ
東京スカイツリー®の幸福なマリアージュ

白鬚橋のライトアップは毎日23時まで、ゆっくり楽しむことができる

汐入公園
しおいりこうえん

荒川区 MAP P.187 F-1

隅田川沿いに南北に広がる水辺の公園。ドラマのロケ地としてもたびたび登場する眺めの良い公園でも知られる。

　2020年東京オリンピックの開催に合わせてライトアップが新設された白鬚橋とスカイツリーの共演が見どころの絶景スポット。隅田川沿いに北と南に分かれて広がり、橋とスカイツリーが見られるのは南側。首都高速道路の照明や行き交う車のライトと、真っ白な橋のライトアップが川面に映り、いっそう華やかさを増す。日没直後のマジックアワーが最もおすすめの時間帯だが、公園には24時間の駐車場が整備され、街灯も明るく安心して夜景を楽しむことができるものうれしい。

INFORMATION

☎03-3807-5181（汐入公園サービスセンター）
所荒川区南千住8-13-1 交各線・南千住駅から徒歩12分 開休料入園自由 Pあり

四季を祝う可憐な花々

江戸時代から親しまれてきた名所から西洋の意匠を取り入れた都市公園まで四季折々に東京を彩る花々。時代を超えて愛される、華やかな絶景を訪ねる。

目黒区 MAP P.188 B-3
目黒川
めぐろがわ

薄紅色に染まる川面と沿道
都心に届く春の便り

花の見頃
3月下旬～4月上旬

四季を祝う可憐な花々

中目黒駅周辺の山手通り手前にある「中の橋」は美しい景色が見られる写真スポットとしても知られる場所。ぜひとも足を運んでみたい

> 東京の春の風物詩である目黒川の桜並木。毎年3月下旬頃から、中目黒駅を中心とした目黒エリアでは、およそ4kmにわたって続く800本ものソメイヨシノが川岸と街並みを彩る。

世田谷・目黒・品川の住宅街や人気の繁華街を横断し、やがて東京湾へと合流する目黒川。なかでも川の両岸に約4kmにわたって続く桜並木と、それに並行して飲食店などが立ち並ぶ中目黒駅周辺は東京有数のお花見スポットとして知られる。桜の見頃となる3月下旬～4月上旬には桜回廊が出現し、同時期に「桜まつり」が開催、多くの人が足を運ぶ。また、川幅の狭い上流は川を覆う迫力ある桜が見られ、川幅の広い下流では遊歩道の散策や船遊びが楽しめるなど、それぞれ景色が異なるのも魅力だ。

船入場橋より上流と下流で川幅が異なり景色も楽しみ方も変化する

目黒川のシンボルとなったピンク色のぼんぼり点灯とライトアップは17～20時

ACCESS
アクセス

渋谷駅
↓ 東急東横線で4分
中目黒駅

中目黒駅から徒歩1分。またはJR山手線・目黒駅から徒歩10分。

INFORMATION
問い合わせ先
目黒区役所 ☎03-3715-1111

DATA
観光データ
所 目黒区目黒　開休料 通行自由　P なし

BEST TIME TO VISIT
訪れたい季節

桜の見頃は3月下旬～4月上旬。満開になる頃には、川面に散った桜の花びらがつくる"花筏"も見どころ。「桜まつり」が開催される期間は毎年異なるため、公式ホームページなどで事前に確認したい。川沿いの歩道には屋台も出現する。

上流から下流まで、およそ100m間隔で架かる橋と桜の競演も美しい

TRAVEL PLAN

目黒川の桜並木は都内でも有数の人気散策スポット。眺めのいい庭園や桜の魅力を味わえる場所を巡り、目黒川沿いの春の散歩を充実させよう。

目黒天空庭園
めぐろてんくうていえん
MAP P.30-[1]

喧騒に浮かぶ都会のオアシス

首都高大橋ジャンクションの屋上部分を活用した円形型庭園。周囲400mの敷地に桜や松の植栽、竹やぶが広がる。

☎03-3464-1612 交東急田園都市線・池尻大橋駅から徒歩3分 住目黒区大橋1-9-2 営7:00〜21:00 休無休 料無料 Pあり

晴れた日には富士山の姿が見えることも

COURSE

10:00	池尻大橋駅
↓	徒歩3分
10:03	目黒天空庭園
↓	徒歩5分
10:40	目黒川
↓	徒歩3分
11:00	中目黒駅前商店街
↓	徒歩9分
12:10	郷さくら美術館
↓	徒歩11分
14:00	中目黒公園
↓	徒歩23分
15:00	目黒不動尊
↓	徒歩12分
15:40	不動前駅

目黒川
めぐろがわ

川の両岸の桜トンネルでゆったり散策を楽しもう

中目黒駅前商店街
なかめぐろえきまえしょうてんがい
MAP P.30-[2]

目黒川と桜並木を眺めながら街歩き

環状6号線(山手通り)と目黒川に挟まれた全長800mの商店街。桜の季節は特に賑わい、毎年3月末に「中目黒桜まつり」を開催。

☎03-3770-3665 交東急/地下鉄・中目黒駅からすぐ 住目黒区青葉台1-14-15 営休通行自由 P要確認

美しい桜並木に沿って店舗が立ち並ぶ

郷さくら美術館
さとさくらびじゅつかん
MAP P.30-[3]

収蔵作品の大部分が桜をテーマにした作品
桜コレクション 370点が揃う

昭和以降の現代日本画家の作品約1000点を超える収蔵。桜や風景など50号を超える迫力ある大型作品が多い。☎03-3496-1771 交東急/地下鉄・中目黒駅から徒歩5分 住目黒区上目黒1-7-13 営10:00〜17:00(入館は〜16:30) 休月曜 料800円 Pなし

中目黒公園
なかめぐろこうえん
MAP P.30-[4]

区民主体で管理された2万2000㎡もの緑豊かな自然公園。芝生広場や水遊び、バスケも楽しめる。☎03-5722-9775 交東急/地下鉄・中目黒駅から徒歩12分 住目黒区中目黒2-3-14 営休料見学自由 Pあり

区民が守る憩いの公園
広々とした芝生や花壇がよく整備されている

目黒不動尊
めぐろふどうそん
MAP P.30-[5]

正式には泰叡山瀧泉寺といい、1200年余りの歴史を持つ天台宗の寺院。平成29年(2017)に復活した神仏習合時代の山王鳥居も見どころ。毎月28日の縁日には屋台が並ぶ。☎03-3712-7549 交東急目黒線・不動前駅から徒歩15分 住目黒区下目黒3-20-26 営9:00〜16:30 休無休 料無料 Pなし

威風堂々とした目黒のパワースポット
大本堂の両側には桜の大木が控える

堂々たる仁王門。手前には滝見茶屋もある

四季を祝う可憐な花々

千代田区 MAP P.186 C-4

千鳥ヶ淵
ちどりがふち

江戸城遺構と寄り添う桜並木に
幻覚かと思うばかりの美の躍動

花の見頃
3月下旬〜
4月上旬

四季を祝う可憐な花々

見頃は3月下旬～4月上旬。ソメイヨシノやオオシマザクラなど約230本が全長約700mの千鳥ヶ淵沿いに咲き乱れる。水上からの眺めも格別

> 春になると全長約700mの千鳥ヶ淵緑道には約230本ものソメイヨシノやオオシマザクラなどが咲き誇る。お堀に向かい枝を垂れる様子は桜のシャワーのようで思わず目を奪われる。

日本人は四季の変化に敏感であり、季節感を大切にしながら暮らしてきた。特に江戸時代から始まったとされる春の花見はそのDNAに深く刻まれている。九段下駅からほど近い千鳥ヶ淵は皇居の内堀のひとつで都内有数の絶景お花見スポットだ。ソメイヨシノやオオシマザクラなど約230本が咲き誇り、観桜期には毎年多くの人が訪れ桜を楽しむ。千鳥ヶ淵ではボートに乗ることもでき、お堀から眺める桜並木は格別の美しさ。周囲には景観を楽しみながら食事ができるカフェレストランなどもある。

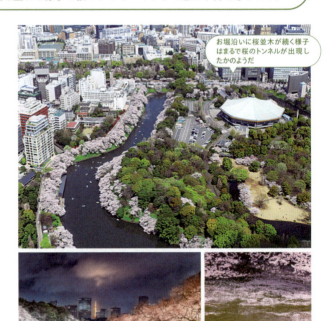

> お堀沿いに桜並木が続く様子はまるで桜のトンネルが出現したかのよう

> 散った桜が水面に浮かび留まっている様子を筏（いかだ）に見立てる「花筏」

> 桜の開花時期に合わせて開催される「千代田のさくらまつり」ではライトアップも行われる

ACCESS
アクセス

| 渋谷駅 |
↓ 東京メトロ半蔵門線で15分
| 九段下駅 |
地下鉄・九段下駅から徒歩で5分。または半蔵門駅から徒歩で5分。

INFORMATION
問い合わせ先

千代田区観光協会
☎ 非掲載
（info@kanko-chiyoda.jp）

DATA
観光データ

所 千代田区三番町2先　開休料 通行自由　P なし

BEST TIME TO VISIT
訪れたい季節

3月下旬～4月上旬の桜の開花時期がいちばんの見頃。満開の桜も美しいが、散りゆく桜吹雪や散った桜が水面に浮かぶ花筏（はないかだ）などはその時期にしか見られない光景だ。夜桜のライトアップも幻想的。

TRAVEL PLAN

九段下から千鳥ヶ淵、北の丸公園、科学技術館、皇居 東御苑のあたりは都心のオアシス。花や緑を愛でながら心豊かなひとときを過ごしてみては。

千鳥ヶ淵
ちどりがふち

約700mに及ぶ千鳥ヶ淵緑道はじめ、絶景ポイントが多数

桜の季節だけでなく秋の紅葉もおすすめ

COURSE

10:00	九段下駅
↓	徒歩10分
10:10	千鳥ヶ淵
↓	徒歩すぐ
10:30	千鳥ヶ淵ボート場
↓	徒歩14分
12:00	北の丸公園
↓	徒歩4分
12:50	科学技術館
↓	徒歩7分
14:00	皇居 東御苑
↓	徒歩15分
15:00	九段下駅

北の丸公園
きたのまるこうえん
**MAP P.34-② **

歴史遺構が残る一帯の自然豊かな公園

かつての江戸城・北の丸の位置にある森林公園。桜やモミジなど四季折々の景観が訪れた人を癒やす。バードウォッチングを楽しむことも。
☎03-3211-7878 地下鉄・九段下駅から徒歩5分 千代田区北の丸公園1-1 入場自由 あり
画像提供：
環境省皇居外苑管理事務所北の丸分室

千鳥ヶ淵ボート場
ちどりがふちボートじょう
MAP P.34-①

春の桜、夏の新緑の時季はもちろん、秋の紅葉の時季も楽しめる。体験した人にしかわからない魅力を満喫しよう。☎03-3234-1948 地下鉄・九段下駅から徒歩10分 千代田区三番町2先 10:00～17:00 月曜 30分500円（※観桜期は30分800円）なし

LUNCH

北の丸公園内のオシャレなカフェ
Café 33
カフェサンジュウサン
MAP P.34-⑤

公園を散歩しながらサンドイッチやピッツァが楽しめる

☎03-3214-3730 地下鉄・九段下駅から徒歩5分 千代田区北の丸公園1-1 9:00～17:00 不定休 330円～ あり

皇居に隣接し、広大な敷地面積を誇る

科学技術館
かがくぎじゅつかん
MAP P.34-③

子どもから大人まで知の旅を楽しむ

参加体験型の展示が多く、幅広い年代が科学技術に興味、関心を持てるよう工夫されている。☎03-3212-8544 地下鉄・竹橋駅から徒歩10分 千代田区北の丸公園2-1 9:30～16:50（入場は～16:00） 水曜不定休 950円 なし

電気を可視化して楽しく学ぶデンキファクトリー

広大な敷地には多くの史跡が残り四季の花が咲く

皇居 東御苑
こうきょひがしぎょえん
MAP P.34-④

皇居附属の多様性に富んだ庭園

皇居の東側にある皇居附属の庭園として整備され昭和43年(1968)から公開。四季の変化に富んだ景観に配慮して多様な樹木や草花が植栽されている。☎03-3213-2050 地下鉄・九段下駅から徒歩7分 千代田区千代田1-1 公式HPを要確認 月・金曜 無料 なし

二の丸庭園の色鮮やかなツツジは人々を魅了する

四季を祝う可憐な花々

35

立川市 MAP P.184 C-2
国営昭和記念公園
こくえいしょうわきねんこうえん

初夏の陽光を受けて
大地を染め上げるシャーレーポピー

花の見頃
4月下旬〜5月下旬

四季を祝う可憐な花々

ヒナゲシや虞美人草の名でも知られるシャーレーポピー。国営昭和記念公園には約180万本ものシャーレーポピーが咲き誇る

©Ken Narahashi

> 春爛漫、緑一面の芝生の間を流れる渓流に沿って植えられた色鮮やかなチューリップが一斉に花開き、木洩れ日を受けて輝く木々の緑とのコントラストが訪れる人々を魅了する。

チューリップガーデンはチューリップの本場オランダの世界的に有名なフラワーパーク・キューケンホフ公園の元園長コスター氏監修のもと平成16年(2004)から造られた。現在はオリジナルデザインを踏襲しながら公園独自のデザインも取り入れつつ、より魅力あるチューリップガーデンを目指している。渓流広場を流れる約200mの小川に沿って点在するチューリップの花畑は色鮮やかでとても美しい。清らかな流れに寄り添う花々とともに季節の彩りを感じながら散策を楽しんではいかがだろうか。

みんなの原っぱの西側、渓流広場にあるチューリップガーデン。小川のせせらぎが楽しめる

ACCESS
アクセス

新宿駅
↓ JR中央線で25分
立川駅

立川駅から徒歩10分。またはJR青海線西立川駅から徒歩2分、JR青梅線・東中神駅から徒歩10分。

INFORMATION
問い合わせ先

国営昭和記念公園 ☎042-528-1751

DATA
観光データ

所 立川市緑町3173　開 公式HPを要確認　休 1月の第3月～金曜　料 450円　P あり

BEST TIME TO VISIT
訪れたい季節

チューリップの見頃は3月下旬～4月中旬、菜の花や桜、ユキヤナギなどの花の時期と重なるので、園内は見どころもいっぱいだ。冬の寒さも和らぎ、植物たちが芽吹く時季で毎年フラワーフェスティバルが開催される。何度も訪れたくなる季節だ。

TRAVEL PLAN

JR立川駅とJR西立川駅の間には国営昭和記念公園のほか立川市歴史民俗資料館など文化施設が点在している。見学に訪れることでぜひ見聞を広めたい。

立川市歴史民俗資料館
たちかわしれきしみんぞくしりょうかん
MAP P.38-[1]

昔の立川にタイムスリップ

原始から近現代に至る立川市の歴史や文化、自然風土に関する資料展示のほか、企画展や年中行事に合わせた体験学習も開催。☎042-525-0860 交JR青梅線・西立川駅から徒歩20分 所立川市富士見町3-12-34 開9:00～16:30 休月曜(祝日の場合は翌日) 料無料 Pあり

資料などの展示だけでなく、体験学習も行われている

COURSE

10:00	西立川駅
↓	徒歩15分
10:15	立川市歴史民俗資料館
↓	徒歩33分
11:15	国営昭和記念公園
↓	徒歩15分
12:30	国立極地研究所 南極・北極科学館
↓	徒歩21分
13:30	ファーレ立川アート
↓	徒歩6分
14:00	ルミネ立川
↓	徒歩すぐ
14:40	立川駅

国営昭和記念公園
こくえいしょうわきねんこうえん

立川市と昭島市にまたがり、園内6カ所に花畑がある

巨大トランポリン「雲の海」など不思議な遊具がいっぱい

極域についての観測研究を見学

画像提供：国立極地研究所

国立極地研究所 南極・北極科学館
こくりつきょくちけんきゅうしょ なんきょく・ほっきょくかがくかん
MAP P.38-[2]

南極や北極での観測・研究成果を展示する広域展示施設。現地で撮影されたオーロラの映像や、実際に使われていた雪上車など、ロマンあふれる展示がたくさん。☎042-512-0910 交JR立川駅から徒歩25分 所立川市緑町10-3 開10:00～17:00(入館は～16:30) 休日・月曜、祝日、第3火曜 料無料 Pなし

画像提供：国立極地研究所

実際に使用された雪上車を見学できる

街並みに溶け込んだパブリックアート

ファーレ立川アート
ファーレたちかわアート
MAP P.38-[3]

平成6年(1994)に立川駅北口に誕生した現代アートの作品群。36カ国92人のアーティストによる109点の作品が設置されている。☎042-523-2111 交JR立川駅から徒歩3分 所立川市曙町2 開休見学自由 Pなし

街歩きを楽しみながらアートを鑑賞できる

LUNCH

数寄屋建築で日本文化を楽しむ
歓楓亭
かんふうてい
MAP P.38-[5]

日本庭園を眺めながらお抹茶とお菓子で休憩

☎042-528-1751 交JR立川駅から徒歩45分 所立川市緑町3173 開日本庭園は9:30～閉園30分前まで 休無休 料700円(抹茶と和菓子のセット) Pあり

立川駅北口のショッピングセンター

ルミネ立川
ルミネたちかわ
MAP P.38-[4]

立川駅直結で、ファッション・フード・カルチャーなどの多彩なショップやレストランを揃えた商業施設。☎03-5334-0550 交JR立川駅からすぐ 所立川市曙町2-1-1 営休料店舗により異なる Pあり

駅に近い立地と幅広い品揃えが魅力

四季を祝う可憐な花々

> 年間を通じてさまざまな花が咲く「花の寺」。なかでもシンボルとなるのは塩船平和観音が見守る斜面を埋め尽くすツツジ。

護摩堂から周囲を見渡せば、どの方向を見上げてもツツジが咲く。品種によって異なる色の調和がきれい

開祖は人魚の肉を口にして不老不死となったとされる八尾比丘尼で開山は大化年間。現存する本堂（国指定重要文化財）も室町期のものという古刹だ。現在は「花の寺」として名高く、季節折々の花が参詣者の目を楽しませている。年明け頃の椿や梅から桜、アジサイ、蓮、ヒガンバナ、菊、紅葉と一年を通じて美しい植物が絶えない。特にすり鉢状のツツジ園が素晴らしく、もともと裏山に自生していたというヤマツツジのほか、ミツバツツジ、キリシマツツジなど20種、2万本ものツツジが植えられている。

品種によって少しずつ花をつける時期が異なるため、1カ月にわたりツツジの花が楽しめる

ACCESS
アクセス

新宿駅
↓ JR青梅線で52分
東青梅駅

東青梅駅から車で9分。または東青梅駅から徒歩30分。またはJR青梅線・河辺駅から西東京バス・都営バスで7分、塩船観音入口下車、徒歩10分。

INFORMATION
問い合わせ先
塩船観音寺 ☎0428-22-6677

DATA
観光データ
所青梅市塩船194番地 開要確認（日により異なる）※御守、御朱印は8:30～ 休無休 料ツツジの見頃の時期は300円 Pあり※台数は駐車場により異なる（☎0428-22-6677）
※ツツジの見頃の具体的な日程については公式HPかFacebookを要確認

BEST TIME TO VISIT
訪れたい季節
「花の寺」としての評判を確かなものとしているツツジの見頃は4月中旬～5月初旬頃。開花時期がわずかに異なる20品種のツツジが入れ替わるように境内を彩る。同時期に開催される「つつじまつり」の期間中は「花お稚児行列」や「例大祭」、大正琴や和太鼓の演奏など、さまざまな行事も開催される。

周辺のスポット

吹上しょうぶ公園
ふきあげしょうぶこうえん
梅雨に向けて花菖蒲が見頃
MAP P.41

2.1haもの広さの園内に約250種もの花菖蒲が咲く。群生する花々を縫うように散策路が設けられている。☎0428-22-1111 交JR東青梅駅から徒歩15分、またはJR河辺駅から都バスで10分、吹上しょうぶ公園入口下車、徒歩すぐ 所青梅市吹上425 開9:00～17:00 休水曜・12～2月の期間（花しょうぶ祭り期間中は無休） 料無料（花しょうぶ祭り期間中は200円）Pあり

シャープな形の葉と妖艶な花の対比が美しい

四季を祝う可憐な花々

葛飾区 MAP P.185 F-2
水元公園
みずもとこうえん

満開の菖蒲の彩りに漂う
都内唯一の水郷の風情

> 桜並木、花菖蒲などの花景色が美しい水辺の公園。キャンプ広場やバーベキュー広場、釣り堀、ドッグランなど自然のなかで思う存分、遊ぶことのできる環境が整う。

東京都葛飾区と埼玉県三郷市の間に位置する小合溜（こあいだめ）からの水が引かれた水元公園。園内には池や水路、滝、噴水のほか、はなしょうぶ園やオニバス池、水生植物園、さらにはポプラ並木、メタセコイアの森など、湿潤な環境に適した木々がつくり出す美しい自然が広がっている。水と植物の豊かな場所は野鳥にとってもパラダイス。シジュウカラやカワセミ、カンムリカイツブリ、ゴイサギ、アオサギ、ヒヨドリなど161種類もの野鳥が観察されている。バーベキューは要予約。

小合溜からの段差に設置されたさくら大滝。春には滝と桜の共演が見られる

花の見頃
5月下旬〜
6月下旬

菖蒲が見頃を迎える初夏、堀切菖蒲園と合同で葛飾菖蒲まつりが開催される。ステージなどでのイベントも盛り上がる

ACCESS
アクセス

東京駅
↓ JR上野東京ラインで17分
北千住駅
↓ JR常磐線で9分
金町駅

金町駅から京成バスで7分、水元公園下車、徒歩7分。

INFORMATION
問い合わせ先

水元公園サービスセンター
☎ 03-3607-8321

DATA
観光データ

所 葛飾区水元公園3-2 開休料 見学自由 Pあり

BEST TIME TO VISIT
訪れたい季節

春は桜、初夏から夏は花菖蒲や蓮、秋はメタセコイアの紅葉、冬は椿や野鳥など、いつ訪れても自然が見せる表情を楽しめる。菖蒲まつりが開催される6月上旬はお茶処が開かれ、都内唯一の水景や菖蒲を見ながらお茶やお茶菓子を味わえる。

四季を祝う可憐な花々

秋に見頃となるのがメタセコイアの森。一面が光を含んだ深い赤に染まる

小合溜に架かる水元大橋。植物、鳥、魚など多様な生物の楽園は人間にとっても居心地がいい

江東区 MAP P.187 F-3

亀戸天神社
かめいどてんじんしゃ

歌川広重を魅了
江戸を沸かせた藤の名所

花の見頃
4月中旬〜
5月上旬

藤棚から降り注ぐ藤の美しさは東京No.1とも謳われる。江戸時代、歌川広重が描いた浮世絵そのままの景色に東京スカイツリー®も加わって新旧の東京らしさが混在する。

菅原道真公をお祀りする「下町の天神様」。天神様といえば第一に梅を思い浮かべるが、こちらは藤の花が有名。もちろん早春の梅まつり、さらには秋の菊まつりも美しいが、何といっても初夏に向けて咲く藤の花の季節が見事で、歌川広重の『名所江戸百景 亀戸天神境内』に描かれた太鼓橋と藤の風景は今もそのまま。さらに背景にスカイツリーがそびえるさまも印象的で毎年、観賞や撮影に訪れる人も多い。太宰府天満宮同様、境内には社殿、回廊、心字池、太鼓橋を配する。

20分ほどあればお参り、散策できる広さの境内だが見どころや撮影ポイントが多数

44

境内に植えられた藤は50株以上。晩春から初夏にかけての空の青や朱塗りの橋とのコントラストが見事

ACCESS
アクセス

上野駅
↓ 東京メトロ銀座線で6分
浅草駅
↓ 東京メトロ浅草線で3分
押上駅

JR総武線・亀戸駅、JR／地下鉄・錦糸町駅、各線・押上駅からそれぞれ徒歩15分。

INFORMATION
問い合わせ先

亀戸天神社 03-3681-0010

DATA
観光データ

所 江東区亀戸3-6-1 開 参拝自由(御本殿の開門は6:00〜17:00) 休 無休 料 参拝自由 P あり

BEST TIME TO VISIT
訪れたい季節

例年4月上旬から下旬にかけて「藤まつり」が開催される。昼は露店が並び、家族連れで賑わう境内で東京に残る下町の風情にふれられる。夜は藤棚がライトアップされ、花の香り漂う心字池を眺めながら、幽玄な空気に浸ることができる。

四季を祝う可憐な花々

10月末〜11月半ばにかけては菅原道真公が梅とともに好んだという菊が観賞できる

周辺のスポット

十間橋
じっけんはし

スカイツリーにまっすぐ延びる川

MAP P.45

江戸時代に整備された運河、北十間川に架かる橋。スカイツリーから徒歩約13分の距離にあり、いまや撮影の定番スポット。

☎ 03-5608-1111 交 地下鉄・押上駅から徒歩約13分 所 墨田区業平5-13から墨田区文花1-1 休 見学自由 P なし

逆さスカイツリーを撮るには風のない日がベスト

45

八王子市 MAP P.184 B-2
木下沢梅林
こげさわばいりん

馥郁たる香りを届ける 高尾梅郷を代表する梅の園

木下沢梅林は、梅林の保護のため「高尾梅郷梅まつり」の時季にのみ公開される

周辺のスポット

遊歩道梅林
ゆうほどうばいりん
梅の枝がつくるトンネルを歩く
MAP P.47- 1
ハイキングがてらいくつかの梅林を巡る際、高尾駅から出発して最初に出会うのがこの梅林。小仏川沿いの遊歩道の両側に梅林が広がる。
☎なし 交JR／京王高尾駅から徒歩15分 所八王子市裏高尾町313 開休料通行自由 Pなし

歩道の両側から梅の木が枝を差し掛ける

荒井梅林
あらいばいりん
三脚を構えるカメラマンも多数
MAP P.47- 2
天神梅林を背景に広がる荒井梅林。その眺めはまさに梅の郷と呼ぶにふさわしい。
☎なし 交JR／京王高尾駅から徒歩40分 所八王子市裏高尾町 開休料通行自由 Pなし

梅に包まれる静かな町を坂の上から見下ろす

新年を迎え、最初に咲くのが梅の花。「梅春」と呼ばれるひと足早い春を迎える華やかでめでたい花の景色だ。

花の見頃
1月下旬～
3月上旬

旧甲州街道と小仏川沿い、約4.5kmには遊歩道梅林、関所梅林、天神梅林、荒井梅林、湯の花梅林、小仏梅林、そしてこの木下沢梅林と7つの梅林が点在。すべてを合わせると約1万本もの木々が花をつけ、一帯が白、薄桃色、濃いピンクと華やかな色に染まる。なかでも木下沢梅林は「高尾梅郷梅まつり」の時期にのみ開放される特別な梅林。斜面につくられた舗装路をそぞろ歩きながら、咲き誇る700本もの白梅、紅梅が楽しめる。目に美しいのはもちろん、あたりに漂う香りも素晴らしい。

ACCESS
アクセス

新宿駅
↓ JR中央線で45分
高尾駅

高尾駅北口バス停から京王バスで13分、大下下車、徒歩7分。

INFORMATION
問い合わせ先

八王子市観光課 042-620-7378

DATA
観光データ

八王子市裏高尾町1288-3 10:00～16:00(例年3月中旬から2週間ほどの間) 開放期間以外は入場不可 無料 タイムズ高尾北口駅前利用(0120-70-8924)、木下沢梅林付近や高尾梅郷には駐車場はないため、公共交通機関を利用すること

BEST TIME TO VISIT
訪れたい季節

梅の開花時期である3月上旬のみ一般開放され、広い園内に一斉に咲く梅の花を周遊しながら堪能できる。期間内には「高尾梅郷梅まつり」も開かれる。街道や民家の軒先などあちこちが梅に包まれる季節の木下沢梅林は、春の訪れを感じられる心地よい場所だ。

四季を祝う可憐な花々

47

江戸川区 MAP P.185 F-2

平井運動公園
ひらいうんどうこうえん

のどかな河川敷に色を添える可憐な花々の揺らめき

要予約で使用可能なグラウンドで野球、サッカー、ソフトボールを楽しむ人のほか、ランニングや散歩など、思い思いに運動する人々が集う河川敷の公園。

　荒川の河川敷に広がるこの公園には野球、サッカー、ソフトボールのグラウンドがあり、休日ともなるとスポーツを楽しむ大勢の元気な声が響く。また、4200㎡もの広大な花壇にはそれぞれ18万本のシャーレーポピー、センセーション種のコスモスが植えられており、時季により可憐な花の絨毯が現れる絶好のお花見スポットでもある。花の季節の最終盤には無料でポピーやコスモスの摘み取りができる日が設けられ、人気を博す。見晴らしの良い立地は自然光のライティングによって彩られ、写真に映える景色をつくる。

秋にはコスモスの花畑が出現。一輪一輪は儚げだが18万本ともなると圧巻の花景色となる

花の見頃
**4月下旬～
5月下旬**

虞美人草とも呼ばれるシャレーポピー。まるで薄紙のような繊細な花びらと鮮やかな色合いが美しい

ACCESS
アクセス

東京駅
↓ JR総武線で9分
錦糸町駅
↓ JR総武線で4分
平井駅

平井駅から徒歩20分。または平井駅から都営バスで5分、平井七丁目下車、徒歩5分。

INFORMATION
問い合わせ先

みどりサービスセンター
📞 03-5662-5543

DATA
観光データ

所 江戸川区平井5-56地先 開休料 見学自由 P あり

BEST TIME TO VISIT
訪れたい季節

桜も散った4月下旬頃から、赤い絨毯が敷き詰められるようにポピーが一斉に開花時期を迎える。晩春の河川敷には涼しげな風が吹き、晴れた日には平井大橋や東京スカイツリー®との共演も見られる。

バックにそびえるのは東京スカイツリー。可憐な花と力強い構造物との対比も素敵

四季を祝う可憐な花々

総武線の車両が通り抜ける姿や空とのコラボレーションも写真撮影におすすめ

49

調布市 MAP P.185 D-2

神代植物公園
じんだいしょくぶつこうえん

10万本の植物を擁する園内を
鮮やかなバラが咲き誇る

花の見頃
5月下旬～
6月下旬、
10月中旬～
11月下旬

　かつては東京の街路樹などを育てる苗圃（びょうほ）で、戦後一般に公開された歴史ある植物公園。約4800種類、10万本の植物が植えられている園内はさくら園、うめ園、大温室などさまざまな花を見て学べる場所が散策路で結ばれ、武蔵野の自然が残る自然林も心地よい。なかでもばら園は「クイーン・オブ・神代」などの園名が冠された種のバラや、来園者がバラについて楽しく学ぶことができる社会的役割が評価され、国際的な賞である「世界バラ会連合優秀庭園賞」を受賞。

ACCESS
アクセス

新宿駅
↓ JR中央・総武線で18分
吉祥寺駅
↓ 小田急バスで13分
神代植物公園バス停
神代植物公園前下車後すぐ

INFORMATION
問い合わせ先

神代植物公園サービスセンター
☎042-483-2300

DATA
観光データ

所 調布市深大寺元町5-31-10 開 9:30～17:00 休 月曜（祝日の場合は翌日） 料 500円 P あり

BEST TIME TO VISIT
訪れたい季節

ばら園が見頃を迎えるのは5月上旬～6月上旬までと10月中旬～11月中旬までの年2回。それぞれの季節にはバラフェスタが開催され、貴重な種のバラコレクションも観賞できる。

50

江戸川区 MAP P.185 F-2

小岩菖蒲園
こいわしょうぶえん

5万株を超える花々の間に延びる散策路を歩いて見渡す菖蒲田

花の見頃 6月上旬～中旬

四季を祝う可憐な花々

約5万株、100種類の花菖蒲が咲き誇る広い菖蒲園。川辺に向かって広がる菖蒲田のなか、張り巡らされた通路を伝って花菖蒲を観賞できるのがいかにも風流。もとは小岩地区の住民が区に寄贈した花菖蒲を株分けしたものであり、現在も地域住民に愛されている公園だ。都内にありながら自然が残る江戸川の河川敷に位置するため、周囲にはツツジの植生地や湿生植物池などが見られ、子どもたちにとって絶好の自然観察スポットにもなる。

ACCESS
アクセス

上野駅
↓ JR山手線で4分
日暮里駅
↓ 京成本線で28分
江戸川駅

江戸川駅から徒歩5分。

INFORMATION
問い合わせ先

みどりサービスセンター
☎03-5662-0321

DATA
観光データ

所 江戸川区北小岩4丁目先 開休料 見学自由 P あり

BEST TIME TO VISIT
訪れたい季節

花菖蒲が花をつけるのは5月下旬から6月下旬で、なかでも6月上旬～中旬にかけて盛りの時期を迎える。白や紫の花が眼下に広がるさまは圧巻で、「小岩菖蒲園まつり」が開催される時季でもある。期間中の土・日曜は模擬店なども並び、賑やかな空気に包まれる。

51

羽村市 MAP P.184 C-2

根がらみ前水田
ねがらみまえすいでん

水田地帯のパレットに描かれた
チューリップのカラフルなアート

花の見頃 4月上旬

水田の裏作を活用してチューリップの栽培を行う水田で、約35万本のチューリップが植えられている。その規模は関東でも最大級であり、住民や地元企業など幅広いオーナーの協力によって維持されている。ここに栽培されているチューリップは毎年4月上旬になると一面に花を咲かせ、赤や白、黄色の色とりどりに装いを変える。とりわけ春は羽村堰の桜や周辺の丘陵に自生する花々も華やかに咲き、チューリップと周辺の自然が共演する光景を楽しめる。

ACCESS
アクセス

新宿駅
↓ JR中央線で26分
立川駅
↓ JR青梅線で19分
羽村駅

羽村駅から徒歩20分。または小作駅から徒歩30分。

INFORMATION
問い合わせ先

羽村市観光協会 042-555-9667

DATA
観光データ

所 羽村市羽加美4 開休 料 見学自由 P あり

BEST TIME TO VISIT
訪れたい季節

チューリップが見頃を迎える春の4月上旬頃には「はむら花と水のまつり 後期チューリップまつり」の会場として賑わう。模擬店や催しもの、チューリップ展望台などが設置されるため、満開を迎える花の絨毯を楽しみながら充実した時間を過ごすことができる。

あきる野市 MAP P.184 C-2

わんダフルネイチャーヴィレッジ
わんダフルネイチャーヴィレッジ

純白のアナベルが群生する奇跡
穏やかな丘陵のつかの間の夢

花の見頃
5月下旬〜
7月上旬

四季を祝う可憐な花々

　わんダフルネイチャーヴィレッジ内にあるあじさいエリアでは、6月中旬〜7月上旬にかけて約60品種、約1万5000株のアジサイが花をつける。特に小高い丘の斜面を約3000株の白いアジサイが覆う「アナベルの雪山」で楽しめる雄大な景色は出色。付近の展望台からはあじさい園全体の展望を堪能できる。エリアは山に続くハイキングコースに沿って広がり、斜面を覆う青々とした新緑と一体になったみずみずしい景色を五感で味わいつつ過ごすことができる。

ACCESS
アクセス

新宿駅
↓ JR中央線で36分
八王子駅

八王子駅からバスで30〜35分。またはJR五日市線・秋川駅からバスで10分。東京サマーランドからわんダフルネイチャーヴィレッジまではシャトルバスが出ている(期間限定)。

INFORMATION
問い合わせ先

わんダフルネイチャーヴィレッジ
☎042-558-5861

DATA
観光データ

所 あきる野市上代継600 開 9:00〜17:00 休 不定休、公式Webサイトを要確認 料 850円 P あり

BEST TIME TO VISIT
訪れたい季節

アジサイの開花時期は初夏から夏にかけてで、品種によってやや異なる。アナベルの雪山が見頃になるのは6月下旬〜7月上旬。別名"幻のアジサイ"と呼ばれる星形の"シチダンカ"というアジサイは6月中旬が見頃。公式HPであらかじめ品種ごとの見頃を確認するのもよい。

COLUMN

広重が描いた花の名所

浮世絵に残る江戸の花絶景

『名所江戸百景』や『東都名所』などに多くの江戸の風景を描いた歌川広重。名所を描いた数々の作品に、季節の花々を喜ぶ江戸の庶民の情景が浮かぶ。

国立国会図書館蔵

品川湊を望み花見に興じる人々

江戸名所 御殿山花盛
えどめいしょ ごてんやまはなざかり

元は徳川将軍家の遊興の場だった御殿山。徳川家綱の時代に吉野の桜が移植され、桜の名所として親しまれていた。

御殿山庭園
ごてんやまていえん

品川区 MAP P.189 D-4

☎03-6435-8433 交各線・品川駅から徒歩10分 所品川区北品川4-7-35 御殿山トラストシティ内 休無料見学自由 P あり

複合施設「御殿山トラストシティ」の敷地内にある日本庭園に、今も桜が咲く

江戸一番の桜の名所、上野の春

名所江戸百景 上野清水堂不忍ノ池
めいしょえどひゃっけい うえのきよみずどうしのばずのいけ

京都の清水寺にならった舞台が桜に包まれ、円を描く月の松の背後に不忍池が描かれた、奥行きのある構図。月の松は、『上野山内月のまつ』でも描かれた。

寛永寺 清水観音堂
かんえいじ きよみずかんのんどう

台東区 MAP P187 D-2

☎03-3821-4440 交各線・上野駅から徒歩5分 所台東区上野桜木1-14-11 時9:00~17:00 休無休 料無料 P なし

上野公園一帯の中で、現存する最古の建造物。浮世絵にも描かれた松も再現されている

国立国会図書館蔵

太田記念美術館蔵

庶民の行楽地の様子を今に伝える

飛鳥山花見乃図
あすかやまはなみのず

8代将軍吉宗の命により、1200本以上の桜が植樹され、庶民に解放された飛鳥山。上野に並ぶ桜の名所として賑わった。

飛鳥山公園
あすかやまこうえん

北区 MAP P.185 E-2

☎03-5980-9140（飛鳥山公園管理事務所）交JR／地下鉄・王子駅から徒歩2分所北区王子1-1-3 休見学自由 Pあり

現在は600本ほどの桜が4月上旬に見頃を迎える

国立国会図書館蔵

隅田川と綾瀬川が合流する菖蒲の名所

名所江戸百景 堀切の花菖蒲
めいしょえどひゃっけい ほりきりのはなしょうぶ

手前に花菖蒲、奥に菖蒲を描き、大小の対比で遠近を感じさせる手法が冴える。

堀切菖蒲園
ほりきりしょうぶえん

今も江戸から受け継がれる名花を育てる

葛飾区 MAP P.185 F-2

☎03-3694-2474（葛飾区公園管理所）交京成本線・堀切菖蒲園駅から徒歩10分所葛飾区堀切2-19-1 時9:00～17:00 休無休 料無料 Pなし

COLUMN　浮世絵に残る江戸の花絶景

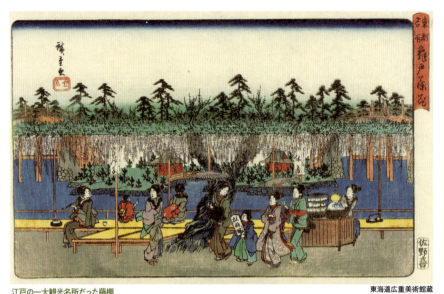

東海道広重美術館蔵

江戸の一大観光名所だった藤棚

東都名所 亀戸藤花
とうとめいしょ かめいどふじはな

天満宮ながら梅よりも藤の名所として知られた亀戸天神社。藤が満開になる頃、江戸の観光名所として賑わいをみせた。

亀戸天神社
かめいどてんじんしゃ

江東区
MAP P.187 F-3
▶P.44

現在も4月下旬〜5月上旬に藤が見頃に

ゴッホが模写したことでも知られる

名所江戸百景 亀戸梅屋舗
めいしょえどひゃっけい かめいどうめやしき

かつて亀戸天満宮の裏側にあった梅屋敷。当時人気だった特異な枝ぶりの臥龍梅を拡大した構図は、海を渡りゴッホをも魅了した。

国立国会図書館蔵

梅屋敷跡
うめやしきあと

江東区 MAP P.187 F-3

🚃なし 🚉JR／東武・亀戸駅から徒歩15分 🏠江東区亀戸3-40、50-53付近 🕐見学自由 🅿️なし

梅屋敷は明治43年（1910）の水害で廃園に。現在は往時を伝える石碑が立つ

先端技術が誘う幻想世界

表現の可能性を拡張するデジタルアートを駆使した作品の数々。未知の世界への扉が開かれるような新時代の絶景に胸が高鳴る。

港区 MAP P.189 D-1

森ビル デジタルアート ミュージアム: エプソン チームラボボーダレス

もりビル デジタルアート ミュージアム：エプソン チームラボボーダレス

境界を持たない作品群を巡る
新しい光の芸術空間

先端技術が誘う幻想世界

アート体験

人々のための岩に
憑依する滝

境界なく連続するアートの世界
で作品同士が混じり合うボー
ダーレスな世界を体感

チームラボ《人々のための岩に憑依する滝》、《花と人、コントロールでき
ないけれども共に生きる - A Whole Year per Hour》、《追われるカラス、
追うカラスも追われるカラス：境界を越えて飛ぶ》© チームラボ

> チームラボボーダレスとは「地図のないミュージアム」。境界のないアートに身体ごと没入し、意思のある身体で探索することで、他者とともに世界をつくり、発見していく。

平成30年(2018)6月にお台場でオープンした「チームラボボーダレス」は、開館からわずか1年で約230万人を動員。2024年2月には「麻布台ヒルズ」に移転した。館内のアートには境界がなく、ほかの作品と互いに影響を受け合い、変容していく。作品が移動し、刻々と変わり続ける空間が「チームラボボーダレス」の魅力である。コンセプトは「さまよい、探索し、発見する」。気に入った作品を鑑賞しつつ同じ空間に長く滞在すると作品が変化し、新しい発見をすることができるかも…。

チームラボ《花と人、コントロールできないけれども共に生きる － A Whole Year per Hour》© チームラボ

> 自然と人間は相対する概念ではなく、自然も人の営みの影響を受けて存在するのだろう

> 球体の中のゼリー状の光と環境が生む光が重なり合い、互いに新たな環境の一部になる

チームラボ
《マイクロコスモス －
ぷるんぷるんの光》
© チームラボ

ACCESS
アクセス

東京駅
↓ 東京メトロ銀座線で2分
銀座駅
↓ 東京メトロ日比谷線で6分
神谷町駅

神谷町駅から徒歩2分。または地下鉄・六本木一丁目駅から徒歩7分。

INFORMATION
問い合わせ先
📞 03-6230-9666

DATA
観光データ
🏠 港区虎ノ門5丁目9 麻布台ヒルズガーデンプラザB B1 ⏰ 9:00〜21:00
🚫 不定休 💴 3600円〜（入場日により変動あり）🅿 麻布台ヒルズ駐車場利用

BEST TIME TO VISIT
訪れたい季節
作品は一年を通して鑑賞できる。

> 光で描かれた八咫烏(やたがらす)が飛びまわり追うカラスもやがて追われる存在になる

チームラボ《追われるカラス 追うカラスも追われるカラス：溶け出す光》© チームラボ

TRAVEL PLAN

六本木駅から徒歩数分の毛利庭園に遊び、ポップカルチャーの発信地・六本木ミュージアムへ。デジタルアートを満喫し緑豊かなコンパクトシティを散策。

COURSE

- 10:00 六本木駅
  - ↓ 徒歩5分
- 10:05 毛利庭園
  - ↓ 徒歩2分
- 10:40 六本木けやき坂通り
  - ↓ 徒歩5分
- 11:20 森ビル デジタルアートミュージアム:エプソン チームラボボーダレス
  - ↓ 徒歩25分
- 14:00 麻布台ヒルズ
  - ↓ 徒歩すぐ
- 15:00 神谷町駅

六本木ヒルズで江戸の庭園を散策

毛利庭園
もうりていえん
MAP P.60-[1]

六本木ヒルズの敷地にある江戸時代の大名屋敷の庭園を再現した本格的な回遊式日本庭園。四季折々の風情が楽しめる。
☎03-6406-6000 交地下鉄・六本木駅からすぐ 所港区六本木6-10-1 営7:00～23:00 休六本木ヒルズに準ずる Pあり

都心にいながら本格的な日本庭園が楽しめる

ケヤキ並木を通りぬけて名店の集まる通りを散策

開放感あふれる通りで散策やショッピングを

六本木けやき坂通り
ろっぽんぎけやきざかどおり
MAP P.60-[2]

六本木ヒルズの中心を通るメインストリート。ラグジュアリー店舗や有名レストランが立ち並び、心はずむ散策が楽しめる。
☎03-6406-6000 交日比谷線六本木駅から徒歩6分 所港区六本木6-9 休見学自由 Pあり

buy 観光客に大人気のスポット

六本木ヒルズ
ろっぽんぎヒルズ
MAP P.60-[4]

多くの観光客が訪れるオシャレな超高層ビル

☎03-6406-6000 所港区六本木6-10-1 営店舗により異なる 休不定休

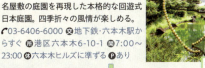

チームラボ《人間はカメラのように世界を見ていない》©チームラボ

エントランス空間の指定の位置でカメラで見ると、文字が空間に浮かび上がる

森ビル デジタルアートミュージアム:エプソン チームラボボーダレス
もりビルデジタルアートミュージアム：エプソンチームラボボーダレス

人や体験との出会いに満ちた街

麻布台ヒルズ
あざぶだいヒルズ
MAP P.60-[3]

都心にありながら緑豊かな敷地に、多彩な施設や都市機能が集まったコンパクトシティ。
☎03-6433-8100 交地下鉄・神谷町駅からすぐ、地下鉄・六本木駅から徒歩10分 所港区麻布台1 休入場自由 Pあり

緑あふれる広場のような街で豊かに暮らす

麻布台ヒルズの展望台から眺める東京の夜景。活気あふれる夜の街が息づいている

先端技術が誘う幻想世界

港区 MAP P.189 D-3

マクセル アクアパーク品川
マクセル アクアパークしながわ

生き物たちを魅せるライティング
華麗なるショータイムの開演

アート体験

ジェリーフィッシュ ランブル
色とりどりの光と和楽器の音楽が水中にたゆたうクラゲたちを彩り、輝かせる

最先端のデジタル技術を用いた多彩な演出で、約350種2万点もの海の生き物たちの魅力を余すところなく伝える

> 予約不要で楽しめるイルカショーは昼夜で異なる演出も魅力。ハイテクを駆使した音と光のコラボが素晴らしい。

約350種2万点もの生き物たちが暮らすマクセル アクアパーク品川。都心にいながら個性豊かな海の生き物たちの生態をつぶさに観察できる。プロジェクションマッピングなど最先端のデジタルテクノロジーを駆使して多彩に演出された空間や水槽展示、パフォーマンスは季節によってテーマが変化し、リピートしてもそのつど、新鮮な発見や驚きがある。人気のイルカショーは昼夜で異なる演出も魅力。ペンギンやオットセイなどのミニパフォーマンスや動物たちの解説タイムも楽しい。

ACCESS アクセス

東京駅
↓ JR東海道本線で8分
品川駅

品川駅から徒歩で2分。または羽田空港から車で30分。

INFORMATION 問い合わせ先

📞 03-5421-1111

DATA 観光データ

所 港区高輪4-10-30(品川プリンスホテル内) 開 公式Webサイトを要確認 休 無休 料 2500円(アトラクションは別途料金) P 品川プリンスホテル駐車場利用

BEST TIME TO VISIT 訪れたい季節

夏のイメージが強い水族館だが、マクセル アクアパーク品川では春のあいだドルフィンパフォーマンスに桜の花びらなど、季節感たっぷりのスプラッシュ演出が実施される。同様に夏や秋にもそれぞれの季節に合った演出が楽しめる。

360度観覧OKの円形会場でイルカたちがダイナミックなパフォーマンスを披露

周辺のスポット

品川プリンスホテル
しながわプリンスホテル
MAP P.63
ホテルすべてがエンターテインメント

ライブキッチンを有するレストランや水族館、映画館、ボウリングなど、五感で楽しめる施設が充実。

📞03-3440-1111 交各線・品川駅から徒歩2分 所港区高輪4-10-30 営IN15:00/OUT11:00 休無休 Pあり

東京タワーや富士山など、パノラマビューを望める

先端技術が誘う幻想世界

中央区 MAP P.189 E-1

アートアクアリウム美術館 GINZA
アートアクアリウムびじゅつかんギンザ

アクアリウムの新時代到来
冴えわたる光・音・香りの演出

アート体験
提灯リウム
提灯に見立てた金魚の水槽が約10mにわたって続く小道。水槽内の金魚が拡大され、金魚の特徴が楽しめる

江戸時代から夏の風物詩として多くの人々に愛され、観賞の対象とされてきた金魚を、デジタル技術や照明、音楽などを駆使して見せ方を工夫。華麗な空間展示が楽しめる。

美しくて愛らしい、個性的な約100種類もの金魚を愛でることができるアート空間。寺社建築に見られる回廊や吊り灯籠、華道家・假屋崎省吾氏による和テイストあふれるエレガントな花の演出とのコラボレーションなど、金魚とさまざまなアートが融合する世界を堪能できる。また、九谷焼や螺鈿、着物の柄、浮世絵といった伝統工芸のモチーフとしての金魚や、江戸を代表する浮世絵師・歌川国芳の金魚を擬人化したユニークな「金魚づくし」もポップなオリジナルグッズとして登場。

水槽を手前に配置し奥行きのある写真を撮ることで、空間全体の美を捉えることができる

64

ACCESS
アクセス

東京駅
↓ 東京メトロ丸ノ内線で2分
銀座駅

銀座駅からすぐ。または地下鉄・東銀座駅から徒歩2分。

INFORMATION
問い合わせ先

📞 03-3528-6721

DATA
観光データ

🏠 中央区銀座4-6-16銀座三越（入場受付は新館9F）🕐 10:00～19:00（受付は～18:00）休 公式Webサイトを要確認 💴 Web2500円、当日券2700円 🅿 銀座三越駐車場利用

BEST TIME TO VISIT
訪れたい季節

春の到来と同時に館内には桜が咲き乱れる艶やかな空間へと変化する。桜をモチーフにした香り、音、光の演出が誘う、幻想的なアート空間ならではの特別な春を堪能したい。

石川県名産の九谷焼の技法で作られた九谷金魚鉢評など、日本の伝統工芸にふれる展示も

先端技術が誘う幻想世界

夏の風物詩として愛されてきた金魚をアートとして鑑賞。デジタルや音楽、香との融合は新鮮な感動を与えてくれる

2024年から展示がスタートした作品「花魁花舞」。天井から垂れ下がる無数の花は圧倒的

周辺のスポット

松屋銀座
まつやぎんざ

銀座の文化をつなぐシンボル的な百貨店

MAP P.65

大正14年（1925）開業以来、最新のファッションやアイテムを展開している、銀座のランドマーク。📞 03-3567-1311
🚇 地下鉄・銀座駅からすぐ 🏠 中央区銀座3-6-1 🕐 11:00～20:00（日曜、連休最終日は～19:30）休 不定休 🅿 あり

2フロアにわたるデパ地下には限定商品が充実

渋谷区 MAP P.188 B-1

Galaxy Harajuku
ギャラクシー ハラジュク

光の万華鏡のなかで
まだ見ぬ新感覚のアートを体感

アート体験
つかまえて集める
恐竜の森
ギャラクシーの最新スマートフォンで恐竜をキャッチ。自分だけのコレクション図鑑を作ろう

モバイルブランド・ギャラクシーの体験施設。スマートフォンでさまざまな恐竜を捕獲・観察して自分だけのコレクション図鑑を作るのが人気。

ギャラクシーの体験施設でその規模は世界最大級。2階のMy Galaxyではオリジナルネームストラップやカバーケースの作成なども可能。3階のギャラクシーチームラボでは「つかまえて集めるシリーズ」が人気。2025年2月から開始の「つかまえて集める恐竜の森」ではギャラクシーのスマートフォンを使って太古の動物を観察し、コレクションする体験を楽しめる。館内には木のぬくもりを感じられるカフェや、足を止めてゆったり過ごせるスペースも用意されているため幅広い年齢層で気軽に訪れることができる。

1階Galaxy Squareではギャラクシー製品を使ってできることを体験しながら知ることができる

太古の動物が棲む恐竜の森。アプリのカメラで恐竜を捉え、観察することでアプリ内の図鑑にコレクションされる

ACCESS
アクセス

新宿駅
↓ JR山手線で4分
原宿駅

JR原宿駅から徒歩7分。または地下鉄・原宿駅から徒歩3分。

INFORMATION
問い合わせ先

☎ 0120-327-527

DATA
観光データ

所 渋谷区神宮前1-8-9 開 11:00～19:00 休 無休 料 無料 P なし

BEST TIME TO VISIT
訪れたい季節

ギャラクシー世界最大級の施設だが入場無料。一年を通して魅惑的な体験ができる。夏休みに親子で訪れる場所にもぜひ。

施設のなかでは点検、修理などギャラクシー製品のサポートも受けられる

2階にあるカフェのcafeno.ではここ限定のスイーツも販売。ひと息つくのにピッタリ

先端技術が誘う幻想世界

周辺のスポット

東急プラザ原宿「ハラカド」
とうきゅうプラザはらじゅく「ハラカド」

MAP P.67

全9フロアにファッション、雑貨、グルメなど個性的な75店舗のショップが集まる。☎ 03-6427-9634 交 JR山手線・原宿駅から徒歩4分 所 渋谷区神宮前6-31-21 開 フロアにより異なる 休 不定休 P あり

原宿の新定番スポット

多面体のガラスが特徴的な外観

提供：東急不動産

COLUMN

歴史ある庭園を包む幻想

必ず見られる**都心の雲海**

人工的に雲海を出現させることで話題を集めるホテル椿山荘東京。
山縣有朋が私財を投じて築庭した美しい庭園と雲海との共演を楽しみたい。

2025年は園内の三重塔（パゴダ）を囲むように雲海が出現する「天空の三重塔」もスタート

人工的な雲海が名門ホテルに出現

ホテル椿山荘東京
ホテルちんざんそうとうきょう

気象や地形などさまざまな条件が揃わないと見られない雲海を人工的な霧を使って演出。朝から夜にかけて1時間に2度、雲海が現れる。庭園の木々や三重塔（パゴダ）が雲海に包まれるさまは水墨画のよう。

文京区 MAP P.186 B-2

☎03-3943-1111 交地下鉄・江戸川橋駅から徒歩10分 所文京区関口2-10-8 営6:00〜23:00（雲海は10:00〜22:00の間に1時間に2度出現）休無休 料無料（施設利用者のみ散策可）Pあり

自然の地形を生かした崖や斜面、川の流れからなる風情あふれる名園

1〜3月の「椿」のほか、「桜」「新緑」「蛍」「涼夏・深緑」「秋」「冬」に合わせた景観と各種庭園演出を楽しめる

初夏にはホタルが現れる弁慶橋

新緑が彩る東京原風景

東京であることを忘れさせてくれる
都心の渓谷や奥多摩の豊かな自然、
自然と寄り添う暮らしに包まれる里山。
今も東京に残る、緑のオアシス。

世田谷区 MAP P.185 E-3
等々力渓谷
とどろきけいこく

23区唯一の渓谷を歩けば
喧騒の街から別世界へ

新緑の見頃
4月中旬〜
5月中旬

新緑が彩る東京原風景

都内有数の住宅街・世田谷区に存在する都会のオアシス。谷沢川沿いの遊歩道を歩けば都会の喧騒を離れ、別世界を散歩しているかのよう

> 等々力渓谷は東京23区唯一の渓谷。多摩川の支流谷沢川に沿って約1kmにわたり、緑に覆われた森が続く。鳥のさえずりや川のせせらぎに耳を澄まし、すがすがしい森林浴を楽しもう。

東急大井町線「等々力駅」からほど近く、谷沢川に沿って形成された等々力渓谷の周囲は緑にあふれ、自然がいっぱい。約1kmにわたり整備された遊歩道は河川を挟むように、ところどころに木の橋が架かり、飛び石伝いに対岸に渡ることができるなど、変化に富んだ景色のなかを散策できる。ケヤキやシラカシ、コナラなどの樹木が茂り、渓谷のいたるところから水が湧き出すなど、東京とは思えない豊かな自然に驚かされる。2025年3月時点では川沿いの遊歩道は通行止めになっているため、要確認。

谷沢川の両岸はケヤキやシラカシなどの落葉樹が鬱蒼と茂り、森林浴が満喫できる

利剣の橋を渡ると等々力不動尊があり、そばに不動の滝がある

川の途中には飛び石や木の橋が架かり、上を通って対岸に渡ることもできる

ACCESS
アクセス

新宿駅
↓ JR山手線で7分
渋谷駅
↓ 東急東横線で7分
自由が丘駅
↓ 東急大井町線で5分
等々力駅

等々力駅から徒歩3分。

INFORMATION
問い合わせ先

玉川公園管理事務所
☎03-3704-4972

DATA
観光データ

所 世田谷区等々力1-22　開休料 見学自由　なし

BEST TIME TO VISIT
訪れたい季節

四季折々にいろいろな表情を見せる。春は木々の新緑が鮮やかで美しく、等々力不動尊の桜が美しい。夏には緑は深さを増し、川に映る新緑も趣深い。秋には等々力不動尊の紅葉、冬は雪を被った渓谷も美しい。

TRAVEL PLAN

等々力渓谷の周辺には名前の由来となった等々力不動尊や野毛大塚古墳という史跡もあり、大都市・東京とは違った顔が見える。ぜひ、探索してみよう。

photo by Shingo Ogawa

COURSE

10:00	上野毛駅
↓	徒歩5分
10:05	五島美術館
↓	徒歩11分
10:50	帰真園
↓	徒歩20分
11:40	野毛大塚古墳
↓	徒歩9分
12:00	等々力不動尊
↓	徒歩4分
12:30	等々力渓谷
↓	徒歩7分
14:00	ゴルフ橋
↓	徒歩3分
15:00	等々力駅

五島美術館
ごとうびじゅつかん
MAP P.72-[1]

日本と東洋の古美術を多数収蔵

東急元会長の五島慶太翁のコレクションを保存展示するために設立された私設美術館。国宝『源氏物語絵巻』を収蔵する。☎050-5541-8600（ハローダイヤル）交東急大井町線・上野毛駅から徒歩5分 所世田谷区上野毛3-9-25 営10:00～17:00（受付は～16:30）休月曜・展示替期間 料1100円（特別展は別途）P あり

年に6〜7回さまざまな展覧会を開催

池泉回遊式庭園の中央に建つ旧清水邸書院

帰真園
きしんえん
MAP P.72-[2]

二子玉川公園の日本庭園

多摩川など二子玉川ゆかりの自然をモチーフとして作庭された池泉回遊式の庭園。都市において自然に帰ることから命名。☎03-3700-2735 交東急大井町線・上野毛駅から徒歩8分 所世田谷区玉川1-16-1 営9:00～17:00 休火曜 料入場自由 P あり

野毛大塚古墳
のげおおつかこふん
MAP P.72-[3]

全長82mの帆立貝形古墳

帆立貝形古墳としては全国でも有数の規模。埋設施設は4基あり、武具、武器などが出土している。畿内王権との関わりが指摘される。☎03-3429-4264 交東急大井町線・等々力駅から徒歩10分 所世田谷区野毛1-25 休見学自由 P あり

展望台からは弁天池や遊歩道が一望できる

上から見ると古墳全体が帆立貝に似ている

等々力不動尊
とどろきふどうそん
MAP P.72-[4]

等々力渓谷の上にあり、平安時代に役行者が彫ったという不動明王像を興教大師が安置して開創した。☎03-3701-5405 交東急大井町線・等々力駅から徒歩5分 所世田谷区等々力1-22-47 営9:00～16:00 休拝観自由 P あり

歴史の眠る緑あふれる古刹

渓谷の自然に溶け込んだ寺院で四季折々に美しい

等々力渓谷
とどろきけいこく

川沿いに遊歩道が設けられ夏は川に入って涼むこともできる

ゴルフ橋
ゴルフばし
MAP P.72-[5]

等々力渓谷を探索する起点

武蔵野の雑木林にある渓谷に架かる橋。緑の谷間にせせらぎの音や小鳥のさえずりが聞こえ、都内とは思えない隔絶された静けさが魅力。☎03-3704-4972（玉川公園管理事務所）交東急大井町線・等々力駅から徒歩2分 所世田谷区等々力2-38 営通行自由 P なし

このあたりにゴルフ場があったことに由来する

新緑が彩る東京原風景

八王子市 MAP P.184 B-3
高尾山登山道
たかおさんとざんどう

都心からわずか1時間
登山道沿いで癒やしてくれる多様な植物

新緑が彩る東京原風景

新緑の見頃
4月中旬〜
5月中旬

高尾山には自然林が多く残り、四季を通じて昆虫や動植物などが生息。都心からのアクセスも良く、日帰りでも山歩きが十分に楽しめる

> 東京都初の日本遺産に認定された山はミシュラン観光ガイドでも3ツ星に。ビギナーからベテランまでレベルに合わせた登山コースがあり、晴れていれば山頂から富士山を一望できる。

　京王線の特急電車に乗って、新宿駅から約1時間というアクセスの良さもあり、年間約300万人が訪れるという高尾山。初心者からベテランまで、レベルに合わせた登山コースは変化に富み、ハイキング、トレッキングの名所としても親しまれている。山麓から中腹まではケーブルカーやリフトを利用して登ることもできる。また、古来修験道の霊山として多くの信仰を集め、天狗伝説や天狗像も残る。春夏秋冬それぞれの季節の魅力を楽しみながら、標高約600mの山頂を目指してみては。

太陽が東京の街並みや山々を照らしながら登ってゆく朝の高尾山は高い人気を誇る

4号路途中にある高尾山唯一の吊り橋。森林浴を楽しみながら、ゆらゆら揺れる橋を渡ろう

ケーブルカーの線路では迫力満点の日本一の急勾配(31度)を走る

ACCESS
アクセス

新宿駅
↓ 京王高尾線で54分
高尾山口駅
↓ 徒歩で5分
清滝駅

清滝駅からケーブルカーで6分、高尾山駅下車。または圏央道・高尾山ICより国道20号線を経由して1kmで高尾登山口。

INFORMATION
問い合わせ先

東京都高尾ビジターセンター
042-664-7872

DATA
観光データ

所 八王子市高尾町　開休料 見学自由　P あり

BEST TIME TO VISIT
訪れたい季節

自然豊かな高尾山は、新緑から深緑へ、また紅葉から氷華、さらには雪景色へと、四季折々の季節の魅力を楽しめる。また、例年6月中旬～10月にかけて開催される高尾山ビアガーデン/ビアマウントは大人気のイベントだ。

ギネスブックにも登録され、世界一登山者の多い山として知られる高尾山。
見どころも盛りだくさんの登山コースをご案内。

TRAVEL PLAN

COURSE

10:00	ケーブルカー高尾山駅
↓	徒歩7分
10:07	高尾山駅展望台
↓	徒歩7分
10:20	高尾山登山道
↓	徒歩5分
10:25	さる園
↓	徒歩1分
11:00	たこ杉
↓	徒歩18分
11:20	高尾山薬王院
↓	徒歩15分
11:50	高尾山大見晴台
↓	徒歩40分
13:00	ケーブルカー高尾山駅

駅のすぐそばから楽しめる眺望

山登りの疲れを吹き飛ばしてくれる快適な場所

高尾山駅展望台
たかおさんえきてんぼうだい
MAP P.76-1

ケーブルカーを降りたところにある展望台からの眺望は素晴らしく、関東平野一円を見渡せる大パノラマが展開される。
☎042-661-4151 ㉂ケーブルカー高尾山駅からすぐ ㊟八王子市高尾町 ㊍見学自由 Ⓟなし

高尾山登山道
たかおさんとざんどう

樹木や植物の生い茂る自然豊かな道を歩くのは快適

さる園
さるえん

およそ90頭のかわいい猿に会える

MAP P.76-2

高尾山のアイドル的存在の猿たちを飼育員がユーモアたっぷりに紹介。併設の野草園では四季の野草も楽しめる。
☎042-661-2381 ㉂ケーブルカー高尾山駅から徒歩3分 ㊟八王子市高尾町2179 ㊗9:30〜16:00(公式HPを要確認) ㊍無休 ㊎500円 Ⓟなし

天狗の参道工事を助けたとの伝説が残る巨樹

たこ杉
たこすぎ

伝説の杉には開運のご利益も?

MAP P.76-3

高さ37mの巨大なたこ杉は根元がタコの足のように曲がる高尾山のご神木。開運のご利益があるという。
☎なし ㉂ケーブルカー高尾山駅から徒歩5分 ㊟八王子市高尾町 ㊍見学自由 Ⓟなし

境内各所には修験道に縁の深い天狗像がいっぱい

山岳信仰が生きる修験道の大本山

髙尾山薬王院
たかおさんやくおういん
MAP P.76-4

高尾山の中腹にあり天平16年(744)に行基が開山。本尊は不動明王の化身・飯縄大権現。今も境内にほら貝が響く。☎042-661-1115 ㉂ケーブルカー高尾山駅から徒歩20分 ㊟八王子市高尾町2177 ㊗9:00〜16:00 ㊍見学自由 Ⓟあり

境内には広葉樹も多く秋はもみじ狩りも楽しめる

富士の眺めも雄大な展望台

高尾山大見晴台
たかおさんおおみはらしだい
MAP P.76-5

高尾山の山頂にある展望台。秋や冬など空気の澄んだ季節には富士山の姿もくっきり。冬至あたりの時期にはダイヤモンド富士が見えることも。☎042-673-3461(高尾山口観光案内所) ㉂ケーブルカー高尾山駅から徒歩38分 ㊟八王子市高尾町2176 ㊍見学自由 Ⓟなし

山頂には広場がありトイレや数軒の茶屋もある

新緑が彩る東京原風景

町田市 MAP P.184 C-3

奈良ばい谷戸
ならばいやと

人と自然が共生して保つ
美しい里山の記憶

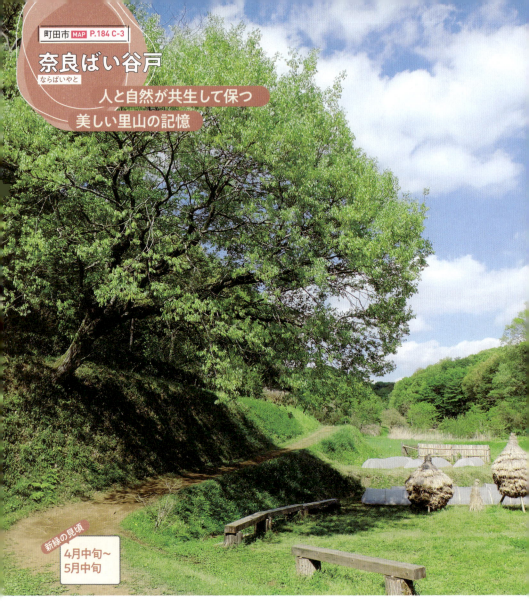

新緑の見頃
4月中旬～
5月中旬

周辺のスポット

小山田緑地
おやまだりょくち

懐かしい多摩の
里山風景が残る

MAP P.78-①

多摩丘陵の緑と景観を楽しめる公園。
042-797-8968 ⊗各線・町田駅から神奈中バスで25分、大泉寺下車、徒歩12分 ⊕町田市下小山田町361-10 ⊕9:00～17:00 ⊕無休（サービスセンターは年末年始休み）⊕あり

東京ドーム9個分の土地に田畑や原っぱが広がる

> 町田市北部の丘陵地に広がる里山。「にほんの里100選」に東京都で唯一選出された田園風景が広がる。

小野路は鎌倉時代や江戸時代に作られた古道が今も残り、細道や分かれ道が過ぎた時代の面影を残すエリアだ。「谷戸」とは、丘陵地が風雨に浸食されて形成された谷地を意味する。都市開発計画が頓挫して荒廃したままになっていたこの地の田畑や雑木林を、平成17年（2005）から市民ボランティアを募り、人の手で開墾から保全、維持、農作物の収穫まで実現することができた。今では700種以上の植物、カワセミやアナグマが生息するなど、生物多様性が認められる里山の環境を、見事に蘇らせている。

ACCESS
アクセス

新宿駅
↓ 京王線で17分
調布駅
↓ 京王相模原線で16分
京王多摩センター

多摩センター駅バス停から京王バスで9分、扇橋で下車、徒歩7分。または小田急町田駅から徒歩8分の町田バスセンターから神奈中バスで26分、扇橋で下車、徒歩7分。

INFORMATION
問い合わせ先
町田市農業推進課
☎042-724-2164

DATA
観光データ
所 町田市小野路町　閉 休料 見学自由
P なし

BEST TIME TO VISIT
訪れたい季節

春は菜の花、秋にはヒガンバナが里山を彩る。年間を通じて里山の保全活動が実施されているほか、4月下旬頃にはたけのこ掘り、6月の田植えと10月の稲刈り体験や、11月のサツマイモ掘りなどは人気の市民参加型イベントである。3月と9月に実施される里山散策もおすすめ。

新緑が彩る東京原風景

ボランティアによって建てられた炭焼き小屋では竹などの炭焼きも行われている

保存のための稲ワラを竹に掛けておく、かわいらしい「藁ボッチ」の姿も魅力的

さわやかな風景のなかに田畑が点在し、今も里山に暮らす人々の生活をうるおしている

静かな竹林にのこる古道

小野路町一帯は、鎌倉街道とつながる小野路宿と甲州街道布田五宿とを結んだ布田道と呼ばれた古道が残されている。かつて新撰組の近藤勇らが出稽古に通うために通ったと伝わる関谷の切り通しなど、いにしえの道を今もハイキングやサイクリングで楽しむことができる。

関谷の切り通し
せきやのきりどおし

MAP P.78-②

🚗なし 交小田急線・鶴川駅から神奈中バスで15分、小野神社前で下車、徒歩1分 所町田市小野路町888-1 開9:00〜17:00 休見学自由 Pなし

人馬が行き交った歴史のひとこまを肌で感じたい

あきる野市 MAP P.184 B-2

秋川渓谷
あきかわけいこく

**吊り橋の上まで届く
山深い渓谷に響く清流の音**

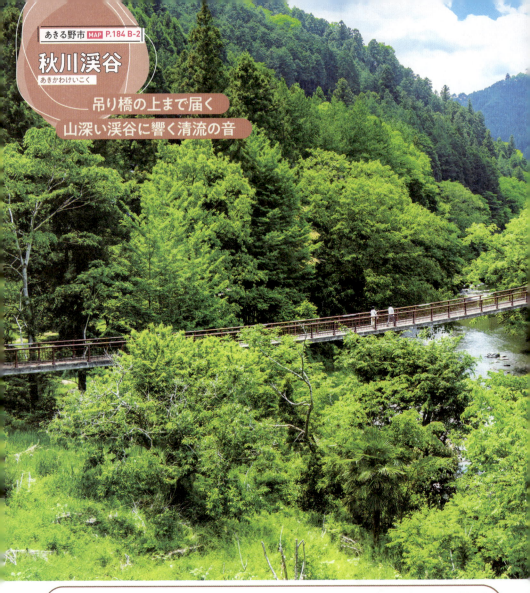

東京都心から電車や車でおよそ1時間圏内にありながら、壮大な自然が広がる秩父多摩甲斐国立公園。行楽シーズンだけでなく、一年を通してその美しい景観を楽しむことができる。

多摩川最大の支流といわれる秋川の、あきる野市網代付近から檜原村の北秋川・南秋川のあたりまで全長約20kmにわたり続く秋川渓谷。美しい清流と深い緑が、四季折々の表情で人々を魅了する東京屈指の大自然だ。春は桜やムラサキツツジ、夏は渓流釣りや虫捕りが楽しめる。針葉樹林の中に落葉樹も多く、秋の紅葉も見応えがある。近辺には美肌の湯で知られる秋川渓谷 瀬音の湯があり、バーベキューやトレッキングなどと併せて日帰り入浴を楽しみ、川魚や山菜といった山のグルメも存分に味わうことができる。

上流には美しい渓流風景が、流れのゆるやかな下流では水遊びが楽しめる川原などが広がる

新緑の見頃
4月中旬～
5月中旬

十里木バス停付近に架かる石舟橋周辺は秋川渓谷を代表する絶景ポイントだ。近くには温泉施設も整備されている

ACCESS
アクセス

東京駅
↓ JR中央線で40分
立川駅
↓ JR青梅線で12分
拝島駅
↓ JR五日市線で20分
武蔵五日市駅

武蔵五日市駅から西東京バスで11分、十里木下車、徒歩6分で石舟橋。なお、土曜・休日のみ、新宿駅から拝島駅までJR中央本線ホリデー快速で37分。

INFORMATION
問い合わせ先

JR武蔵五日市駅 五日市観光案内所
☎042-596-0514

DATA
観光データ

所 あきる野市 開 休 料 見学自由 P あり

BEST TIME TO VISIT
訪れたい季節

3月下旬頃から桜やムラサキツツジが見頃となり、4月中旬頃～5月中旬頃には新緑の美しい季節を迎える。紅葉シーズンは変動があるものの、11月下旬～12月上旬あたりが見頃となる。

新緑が彩る東京原風景

渓谷に架かる長さ96mの石舟橋はイチョウやモミジが色づく秋にも訪れたい

周辺のスポット

村の禅宗寺院・龍珠院の庭も花でいっぱいに

乙津花の里
おつはなのさと

花々に彩られるあきる野の桃源郷

MAP P.81

乙津一帯は、春には桜やツツジの大木、菜の花などが一斉に咲き誇る。

☎042-596-0514 交 JR五日市線・武蔵五日市駅から西東京バスで12分、乙津花の里下車、徒歩3分 所 あきる野市乙津 開 休 料 見学自由 P あり

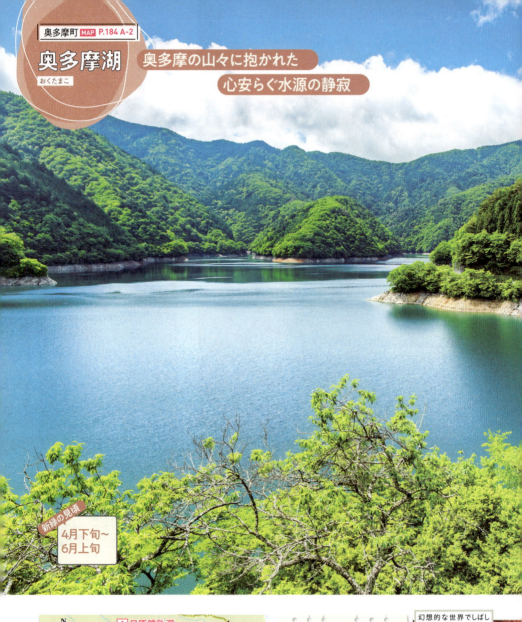

奥多摩町 MAP P.184 A-2

奥多摩湖
おくたまこ

奥多摩の山々に抱かれた
心安らぐ水源の静寂

新緑の見頃
4月下旬～
6月上旬

周辺のスポット

幻想的な世界でしばし
異次元感に浸りたい

日原鍾乳洞
にっぱらしょうにゅうどう

立体迷路のような洞窟は
関東随一の規模

MAP P.82-1

☎0428-83-8491 交奥多摩駅から車で20分 所奥多摩町日原1052 間9:00～17:00(12～3月は～16:30)※受付終了は各30分前 休無休 料900円 Pあり

「ダム湖100選」にも選出された美しい景観を、湖面に浮かぶ浮橋や散策路からゆっくり楽しみたい。

東京と山梨にまたがり広がる奥多摩湖は、多摩川をダムでせき止めて造られた人造湖。正式名称を小河内貯水池といい、その集水域は東京23区のおよそ4割に相当、都民が利用する水の約2割を供給する。穏やかな湖面には中央の麦山と西端の留浦に浮き橋が架かり、湖水の上を歩くように感じながら景色を眺めるのも楽しい。奥多摩駅から多摩川沿いに歩いたり、旧青梅街道を辿ってみたり、自然と歴史が豊かな立地にはハイキングやウォーキングのコースも多数整備されている。

ACCESS
アクセス

新宿駅
↓ JR中央線で25分
立川駅
↓ JR青梅線で64分
奥多摩駅

奥多摩駅から西東京バスで15分、奥多摩湖下車すぐ

INFORMATION
問い合わせ先

奥多摩観光協会　0428-83-2152

DATA
観光データ

所 奥多摩町原　開 見学自由　休 年末年始
料 無料　P あり

BEST TIME TO VISIT
訪れたい季節

都心よりも桜の開花は遅く、4月上旬～下旬が見頃となる。4月下旬～6月上旬にかけ、鮮やかな緑に包まれる。秋の紅葉は10月下旬からカエデやイチョウが色づき始め、11月中旬にかけ真っ盛りとなる。

新緑が彩る東京原風景

春が遅い奥多摩の山々は、4月中旬を過ぎてようやく鮮やかな新緑が広がっていく

湖に浮かぶ多摩湖名物の浮き橋。湖面に吹く風を感じながら景色との一体感を味わえる

美しい景観に眠る小河内の歴史

昭和13年(1938)に起工、昭和32年(1957)年に竣工。19年に及ぶ長い工期の末に完成した小河内ダム。湖の底に沈んだ小河内村の歴史や、都市と水源、生き物と自然などテーマゾーンに分かれてビデオやジオラマ、3Dシアターで紹介する。

奥多摩 水と緑のふれあい館
おくたまみずとみどりのふれあいかん

MAP P.82-[2]

☎0428-86-2731
交 JR奥多摩駅から車で10分　所 奥多摩町原5　開 9:30～17:00　休 水曜(祝日の場合は翌平日)　P あり

ダムサイドに建ち、展望レストランも併設

4月には湖面に枝を伸ばすソメイヨシノのほか、ヤマザクラが山肌をピンク色に染める

練馬区　MAP P.185 D-2

石神井公園
しゃくじいこうえん

湧水が育てた歴史ある公園
木々が覆う憩いの場所

新緑の見頃
4月中旬〜
5月中旬

　江戸時代から景勝地として知られていた三宝寺池の周辺に、地域の住民が中心になって少しづつ景観や設備を整えていった公園。木々に囲まれた三宝寺池西側には固有の植物や野鳥と出会える静寂な空間が広がり、人工のボート池としてつくられた石神井池周辺では、池での舟遊びのほかにも空気が清涼な運動場や広場で楽しむことができる。公園全体でも石神井城跡など幾つかの史跡をめぐったり、130種類ほどの野鳥を観察したり、心の和らぐ楽しみが詰まった憩いの場所だ。

ACCESS
アクセス

新宿駅
↓ JR埼京線で6分
池袋駅
↓ 西武池袋線で13分
石神井駅

石神井公園から徒歩7分。

INFORMATION
問い合わせ先
📞 03-3996-3950

DATA
観光データ

所 練馬区石神井台1・2、石神井町5　開 休 見学自由　P なし

BEST TIME TO VISIT
訪れたい季節

石神井公園では季節の植物のほか、さまざまなイベントが園内を賑わせる。春の「照姫まつり」では石神井に伝わる「照姫伝説」になぞらえ、城主などに扮した演者100名以上の行列が披露される。夏に開催される「納涼灯籠流しの夕べ」では、地域住民や参加者が作った灯籠が石神井池に流れ、幻想的に照らす。

84

町田市 MAP P.184 C-3

町田薬師池公園
まちだやくしいけこうえん

400年を超える歴史ある池に
鮮やかな新緑が映り込む

新緑が彩る東京原風景

新緑の見頃
4月中旬～
5月中旬

　現在の薬師池は天正5年（1577）に北条氏照の命で、水田用水池として開拓された池。以降、埋まるたびに掘り返され、農民たちの命をつないできた。昭和51年（1976）、薬師池の周囲に「薬師池公園」が開園し、現在は町田を代表する自然豊かなエリア、四季彩の杜の一角として毎年多くの来場者を迎え入れている。雑木林に囲まれ、落ち着いた雰囲気ながらも梅や花菖蒲、ハスといった季節の花々や新緑、紅葉が四季折々に色づく園内には、橋や散策路の上から眺める水景もまた清爽の趣がある。

ACCESS
アクセス

新宿駅
↓ 小田急小田原線で約35分
町田駅

小田急町田駅から神奈中バスで約30分、薬師池で下車、徒歩すぐ。

INFORMATION
問い合わせ先

☎ 042-851-8942

DATA
観光データ

所 町田市野津田町3270　開休 見学自由　P なし

BEST TIME TO VISIT
訪れたい季節

一年を通して花の開花時期やイベントが魅力的な薬師池公園。夏に行われる「観蓮会」はハスの花の開花時期に開催され、ハスの葉に注いだお酒やお茶をハスの茎を通して味わう「荷葉酒」や「荷葉茶」のおもてなしがある、人気のイベント。芝生広場では子供向けのイベント「びっちょりまつり」も同日に開かれ、年齢を問わず楽しめる。

羽村市〜新宿区 MAP P.184 C-2

玉川上水
たまがわじょうすい

生い茂る木々の間を縫って
かつて江戸を潤した清流が輝く

新緑の見頃
4月中旬〜
5月中旬

江戸の飲料水を賄うため、羽村から四谷まで全長42.74kmの溝を掘り、多摩川から水を引く上水道が完成したのは江戸幕府が開かれて半世紀が過ぎた承応3年(1654)のこと。竣工350年にあたる平成15年(2003)には文化的価値が再評価され、土木施設・遺構として国の史跡に指定。玉川上水に沿って井の頭公園、大けやき道公園、田園広場公園など多くの緑地が広がる。また沿道には国木田独歩や野口雨情の碑、山本有三記念館などもあり、詩人や文豪ゆかりの地を巡って散策するのも興味深い。

ACCESS
アクセス

新宿駅
↓ JR中央線で39分
立川駅
↓ JR青梅線で19分
羽村駅

上流は羽村駅、西武立川駅、玉川上水駅などが近い。下流は一橋学園駅、笹塚駅が近い。

INFORMATION
問い合わせ先

なし

DATA
観光データ

所 羽村市、福生市、昭島市、立川市、小平市、小金井市、西東京市、武蔵野市、三鷹市、杉並区、世田谷区、渋谷区、新宿区 開休料 見学自由 P 要確認

BEST TIME TO VISIT
訪れたい季節

玉川上水の沿道の大部分は雑木林の中を通るため、一年中散歩しながら森林浴ができる。おすすめはさわやかな新緑の季節。特に大正13年(1924)に国の名勝となった約6kmの「小金井の桜」は、3月末〜4月中旬が見頃。

東久留米市 MAP P.185 D-2

竹林公園
ちくりんこうえん

武蔵野の自然とともに
2000本のモウソウチクが鮮やかに茂る

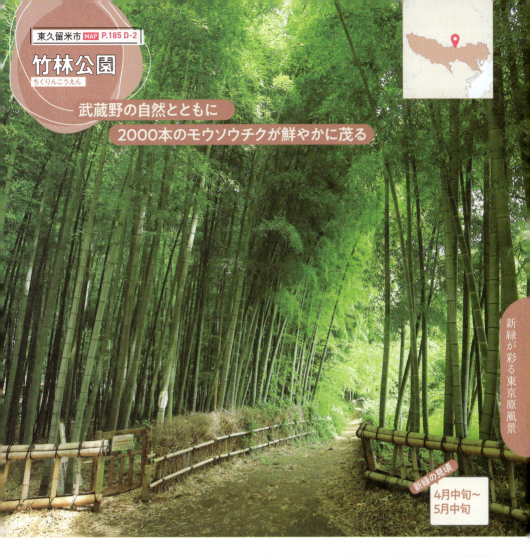

新緑が彩る東京原風景

新緑の見頃
4月中旬～
5月中旬

武蔵野に植生していた竹林の保存を目的に、東久留米市が0.6haの南沢の土地を購入。自然公園として整備し、昭和49年（1974）にオープン。4100㎡の敷地には、およそ2000本のモウソウチクが生い茂る。起伏を生かした園内には階段を設けた遊歩道があり、一周20分ほどでゆっくりまわれるように設計されている。池の傍らにはひっそりと石の祠がたたずみ、小さな魚が泳ぐ姿がはっきり見えるほど澄んだ湧水は「東京の名湧き水57選」にも選定。ベンチに腰掛け、風雅な竹林を心ゆくまで堪能したい。

ACCESS
アクセス

新宿駅
↓ JR山手線で8分
池袋駅
↓ 西武池袋線で20分
東久留米駅

西武東久留米駅から徒歩15分。

INFORMATION
問い合わせ先
📞 042-470-7753

DATA
観光データ

所 東久留米市南沢1　開休料 見学自由　P なし

BEST TIME TO VISIT
訪れたい季節

一年を通じて変化する竹。春はたけのこが群生し勢いよく若竹となり、夏は青々と生命力に満ちた葉を茂らせ、秋は葉が一斉に黄金色に変化し、冬は雪に覆われて静寂に包まれる。季節により移ろう景色を堪能できる。

87

目黒区 MAP P.188 A-4

すずめのお宿緑地公園
すずめのおやどりょくちこうえん

ひっそりとたたずむ緑の世界
スズメが棲んだ江戸の竹林

新緑の見頃
4月中旬～
5月中旬

現在、公園がある東京都目黒区碑文谷は閑静な高級住宅地になっているが、かつて一帯はのどかな農村風景が広がっていた。また付近には竹林が点在し、昭和の初期まではたけのこの産地として知られた。そこで何百、何千羽ものスズメが飛び交う姿が見られたことが、公園の名前の由来である。園内には竹林と遊具のほか、江戸時代中期に建てられた1軒の古民家があり、当時の暮らしぶりがしのばれる。この民家は旧衾村の地主の息子・栗山徳蔵の邸宅を移築・復元したもので、目黒区の有形文化財に指定されている。

ACCESS
アクセス

新宿駅
↓ JR山手線で7分
渋谷駅
↓ 東急東横線で10分
都立大学駅

東急都立大学駅から徒歩12分。

INFORMATION
問い合わせ先

目黒区道路公園課 03-5722-9775

DATA
観光データ

所 目黒区碑文谷3-11-22 開休料 見学自由 P あり

BEST TIME TO VISIT
訪れたい季節

古民家では年間を通してさまざまなイベントが開催されている。ひな人形飾り(2月中旬～3月上旬)、端午の節句(4月中旬～5月中旬)、七夕祭り(7月初旬～7日)、お月見(9・10月の十五夜または十三夜)など。

青梅市 MAP P.184 B-1

御岳渓谷
みたけけいこく

白波に洗われる巨岩を愛でつつ 渓谷沿いの道を歩く

新緑が彩る東京原風景

新緑の見頃
4月中旬〜
5月下旬

「日本の名水百選」のひとつに挙げられる青梅市にある御岳渓谷は、新宿から1時間20分ほどで行ける、雄大かつ浩然の気を養うアウトドア・スポット。JR青梅線御岳駅〜軍畑駅を中心とした多摩川沿いの約4kmの御岳渓谷遊歩道は見どころ満載。日本画家の川合玉堂の約300点の絵画を所蔵する玉堂美術館、小澤酒造が経営する食事処の澤乃井園、中国・蘇州の寒山寺にあやかって建てられた同名の寒山寺、ニジマス、イワナ、ヤマベが釣れる奥多摩フィッシングセンターなど、自然、文化、グルメをまとめて楽しめる。

ACCESS
アクセス

新宿駅
↓ JR中央線で26分
立川駅
↓ JR青梅線で30分
御嶽駅

御嶽駅から徒歩2分。または青梅駅から都営バスで20分、ケーブル下下車、徒歩3分。

INFORMATION
問い合わせ先

御岳インフォメーションセンター
☎0428-85-8652

DATA
観光データ

所 青梅市御岳 開 休 料 見学自由 P なし

BEST TIME TO VISIT
訪れたい季節

新緑の美しい夏だけではなく、四季折々の顔を見せてくれる御岳渓谷。やはり一番人気は秋の紅葉。11月中旬〜下旬がベストシーズン。鮮やかに色づく渓谷と岩をうがつ渓流を見下ろす御岳橋からの風景は絶好のビューポイント。

COLUMN

新緑に囲まれたテラス席でひと息

東京の森カフェ

緑あふれる西東京エリアは都心部とはまた違う顔を持つ。
木々のざわめきや川のせせらぎに身をゆだねて、リラックスできるカフェタイムを。

陽光降り注ぐオープンデッキで
ドイツビールと森林浴を堪能

デッキカフェ ビッテ

多摩川沿い、御岳渓谷の上流に位置するテラス席のみのカフェ。自然に囲まれたロケーションでドイツバイエルン地方のスイーツや、サンドイッチを本場のビールとともに味わえる。

青梅市 MAP P.184 B-1

☎080-4932-0517 ⊗JR青梅線・御嶽駅から徒歩15分 ⌂青梅市御岳本町126-1 ⌚土～月曜、祝日は11:00～17:00(金曜は15:00～21:00) ✕火～木曜、雨の日 Pあり

> 御岳渓谷にせり出したデッキでは川のせせらぎが間近に聞こえる

川のせせらぎと木洩れ日が演出する癒しの時間
自家製ケーキもおすすめ

絶景カフェ ぽっぽ
ぜっけいカフェ ぽっぽ

無添加食材をはじめ、健康的で旬の料理を味わうことができる、ツリーハウスのような外観のカフェ。店内に太陽光をたっぷり採り入れる大きな窓からは鳩ノ巣渓谷が一望できる。

奥多摩町 MAP P.184 B-2

☎0428-85-1164 ⊗JR青梅線・鳩ノ巣駅より徒歩7分 ⌂奥多摩町棚沢662 ⌚11:30～16:00(LOは～15:30) ✕水・木曜、月・火曜はドリンクと自家製ケーキのみ P なし

歴史が息づく道を辿って向かう
静かであたたかい空間

史跡の駅 おたカフェ
しせきのえき おたカフェ

湧水に囲まれた「お鷹の道」に沿って位置しているカフェ。国分寺の地元食材を使った季節感たっぷりのオリジナルメニューが味わえる。店内の窓から武蔵野の湧水が見えるのも良い。

国分寺市 MAP P.185 D-2

☎042-312-2878 ⊗国分寺駅より徒歩約20分 ⌂国分寺市西元町1-13-6 ⌚9:00～17:00(オーダー可能時間が9:30～16:30) ✕月曜(祝日の場合は翌日) Pあり

街角に匂う異国

古代インドを思わせる寺院で心を整え、街角に華やかな水都の面影を見る。明治以降、海を渡り届けられた異国の文化がつくった、多国籍都市・東京のもうひとつの顔。

港区 MAP P.189 E-1

汐留イタリア街
しおどめイタリアがい

石畳を踏みしめベンチでくつろぐ
湧いて出る南欧の旅情

注目ポイント

汐留西公園
広場の中央には、再開発時に発掘された明治時代の新橋停車場で使われていた転車台の基礎石が用いられている

街角に匂う異国

イタリアの都市にならい、広場を中心とした街づくりがなされている汐留イタリア街。イベント開催時にはここが会場となり、キッチンカーなどが並ぶ

> イタリアを共通コンセプトにした建築のオフィスや商業施設、ホテルが立ち並ぶエリア。
> 街並みを見ながらそぞろ歩きが楽しい。夜景を眺めるならホテルに1泊するのもおすすめ。

大きな広場を中心にカラフルなルネサンス調の建築物が並ぶ異国情緒あふれる街。ここはJR新橋駅と浜離宮恩賜庭園との間の、旧国鉄の汐留貨物停車場跡地に再開発された、巨大な複合都市シオサイト汐留の5区に広がる商業エリア。イタリア人建築家の監修のもとで整備された街らしく石畳の道やアーチ型の窓が並ぶ建築物と、細部まで景観を意識したしっとりとした街づくりが見どころで、ドラマやCMのロケにもたびたび登場する。おしゃれな街並みを楽しむ散策スポットとして人気が高い。

やわらかな雰囲気に包まれた夜の街並みも昼とは違った趣がある

ひときわ目を引く神殿のような造りのウインズ汐留は、中央競馬会の場外馬券発売所

ACCESS
アクセス

東京駅
↓ JR山手線で4分
新橋駅
↓ ゆりかもめで1分
汐留駅

汐留駅からすぐ。または新橋駅から徒歩10分。

INFORMATION
問い合わせ先

特定非営利活動法人コムーネ汐留
☎03-3433-6717

DATA
観光データ

所 港区東新橋2 閉休園 見学自由
P あり

BEST TIME TO VISIT
訪れたい季節

夏や秋には汐留イタリア街の中心にある汐留西公園を会場に、フェスタが開催される。ビアガーデンやイタリア料理をはじめとするキッチンカーが出揃い、多くの人で賑わう。食事券や宿泊券が当たる抽選会などもうれしい。

石畳の道路がヨーロッパ風の雰囲気を醸し出している。歩くだけでも楽しい

TRAVEL PLAN

高層ビルが立ち並び、洗練された大人の街の雰囲気が漂うウォーターフロント。グルメやショッピングのほか、美術館巡りなどしながら散策を楽しみたい。

COURSE

10:00	新橋駅
↓	徒歩すぐ
10:00	SL広場
↓	徒歩7分
10:25	パナソニック汐留美術館
↓	徒歩3分
11:00	カレッタ汐留
↓	徒歩11分
11:50	イタリア公園
↓	徒歩5分
12:00	汐留イタリア街
↓	徒歩5分
13:00	汐留駅

SL広場
エスエルひろば
MAP P.94-[1]

50年の歴史を持つ新橋駅のシンボル

JR新橋駅西口広場。実物のSL機関車が置かれ、周辺には気軽に立ち寄れる多彩な飲食店が軒を連ねる。☎03-3578-3104（芝地区総合支所まちづくり課まちづくり係）交各線・新橋駅からすぐ 所港区新橋2-17-14 時見学自由 Pなし

昭和47年(1972)に設置されたC11型SL機関車

パナソニック汐留美術館
パナソニックしおどめびじゅつかん
MAP P.94-[2]

いつでもルオーに出会える美術館

20世紀を代表するフランスの画家ジョルジュ・ルオーの作品約260点を収蔵。ルオー作品を常設で見られる。企画展も開催される。

☎050-5541-8787 交各線・新橋駅から徒歩6分 所港区東新橋1-5-1 4F 時10:00～18:00、夜間開館日は～20:00（最終入館は各30分前）休水曜 料展覧会により異なる Pなし

ルオーの作品をさまざまなテーマで展示

カレッタ汐留
カレッタしおどめ
MAP P.94-[3]

東京湾を一望する人気の複合ビル

眺めの良いレストランやバーと、劇場などが入る複合ビル。米仏の建築家がコラボした建物も見どころ。
☎03-6218-2100 交地下鉄／ゆりかもめ・新橋駅から徒歩3分、各線汐留駅から徒歩1分 所港区東新橋1-8-2 営休店舗により異なる Pあり

46階の展望スペースは穴場の絶景スポット

おしゃれな建物に多彩な店舗が並ぶ

街角に匂う異国

汐留イタリア街から線路を挟んだ浜離宮側にある。天気の良い日は昼休みを過ごす人の姿も

イタリア公園
イタリアこうえん
MAP P.94-[4]

都会に出現する憩いの西洋式庭園

イタリア人建築家による美しい整形式植栽と、12体の彫刻やモニュメントが配された本格的なイタリア式庭園。
☎080-9811-1659（東京都港区立芝公園管理事務所）交地下鉄／ゆりかもめ・汐留駅から徒歩6分 所港区東新橋1-10-20 時見学自由 Pあり

手入れされた生垣やバラの植栽が広がる

汐留イタリア街
しおどめイタリアがい

異国情緒あふれる建物や石畳の街並みを楽しもう

> 周囲に高い建物がほとんどなく、晴れた日には建物の鮮やかな壁色が青い空に映えて、より世界観に没入できる

きらびやかな自由が丘の街なかに開けた異国のような風景。「自由が丘のベネチア」と呼ばれる、人気の散策スポットだ。

> エリア内のあらゆる角度から写真映えするショットが撮れるのもうれしい

おしゃれなショップやカフェが立ち並ぶ自由が丘の街に、忽然と現れる小さなベネチアのような一角の風景。自由が丘駅から北へ約5分の、赤いレンガの壁に掛かる看板が目印だ。雑貨店などが入るカラフルな建物が並び、水路に架かる橋とゴンドラを配し、街灯などの照明器具やテラスの椅子など細部までこだわり抜いたイタリアの街角が再現されている。橋の上から見る光景は人気の撮影スポットでもあり、写真映えも良好だ。ライトアップされる夜にも訪れてみたい。

ACCESS
アクセス

新宿駅
↓ JR山手線で7分
渋谷駅
↓ 東急東横線で8分
自由が丘駅

自由が丘駅から徒歩5分。

INFORMATION
問い合わせ先

ラ・ヴィータ 自由が丘
☎03-3723-1881

DATA
観光データ

所 目黒区自由が丘2-8-2、2-8-3 開 8:00〜20:00 休 無休 料 見学自由 P タイムズ自由が丘第11駅 ☎0120-778-924）

BEST TIME TO VISIT
訪れたい季節

春から夏にかけての暖かい時期は夜のラ・ヴィータに訪れるのも良い。お店こそ営業していないものの、エリア一帯がライトアップされてまた違った趣で楽しむことができる。人通りも減り、一人でしっとり過ごしたいときにもおすすめ。

> 建物と建物の間から見える水路の景色はイタリアの街角で路地に迷い込んだかのような感覚

周辺のスポット

九品仏川緑道
くほんぶつがわりょくどう
MAP P.97

木陰にベンチが並ぶ石畳の美しい緑道

自由が丘のマリ・クレール通りと並行する風情ある通り。東横線高架付近は道の両側にベンチが置かれ、買い物や散策ついでにのんびり過ごす人も多い。☎03-5722-9320（目黒区役所生涯学習課文化財係）交 東急東横線／大井町線・自由が丘駅から徒歩1分 所 東京都世田谷区奥沢7-12 休 見学自由 P あり

> 桜の季節には一帯でフェスタも開催される

街角に匂う異国

中央区 MAP P.189 E-1

築地本願寺
つきじほんがんじ

各国の意匠が融合
異彩を放つエキゾチック建築

建築様式

現在の建物は伊藤忠太の設計。古代インドの様式をモチーフにした、荘厳かつオリエンタルなムードが漂う

街角に匂う異国

本堂では仏教讃歌の伴奏用にパイプオルガンが設置されている。月に一度、第4金曜にパイプオルガンコンサートを無料で開催

> 古代インドの宮殿を思わせる壮麗でエキゾチックな寺院。本尊は阿弥陀如来像。ステンドグラスや動物の彫刻などのほか、カフェやオリジナルショップも併設。

築地のほぼ中央に威風堂々と建つ浄土真宗本願寺派の寺院。古代インドをはじめアジアの建築様式をモチーフに、エキゾチックで荘厳な外観は築地のランドマーク的存在だ。床にはモザイクを施し、広間の扉の上にはステンドグラスが。仏教伝道協会から仏教音楽普及のために寄贈されたパイプオルガンを用いたコンサートも開かれる。元和3年(1617)に京都の本願寺の別院として竣工したが、現在の建物は東京帝国大学名誉教授・伊藤忠太の設計。なお、パイプオルガンは2025年11月頃まで建て替え工事中。

築地本願寺正面。古代インドなどの仏教建築をモチーフにした美しい姿

毎日、日没から午後9時頃まで幻想的なお寺の景観が楽しめる。屋根の形が特徴的だ

境内のあちこちに13種類のかわいらしい動物の彫刻が隠れている

ACCESS
アクセス

東京駅
↓ 東京メトロ丸ノ内線で3分
銀座駅
↓ 東京メトロ日比谷線で4分
築地駅

築地駅からすぐ。または東銀座駅から徒歩5分。

INFORMATION
問い合わせ先
築地本願寺 ☎0120-792-048

DATA
観光データ
所 中央区築地3-15-1 開 6:00〜16:00 (夕方のお勤め終了後) 休 無休 料 無料 P あり

BEST TIME TO VISIT
訪れたい季節

築地本願寺では年間通して行事が行われており、なかでも7・8月の盆踊りには4日間で8万人以上が訪れる。築地の名店が屋台を出し、"日本一おいしい盆踊り"といわれている。

盆踊り時期の境内。色とりどりの提灯が境内を華やかに照らし出す

100

TRAVEL PLAN

東銀座駅から歌舞伎座のビル地下2階までは直結。近くには築地本願寺や食の名店が集まる築地場外市場などがあり、波除神社や勝鬨橋も徒歩圏内だ。

歌舞伎座
かぶきざ

世界で唯一！歌舞伎のための劇場

MAP P.100- 1

世界でただひとつの歌舞伎専門の劇場。幕間には各階に飾られた名画を鑑賞でき、売店での買い物や食事なども楽しめる。☎03-3545-6800 ㊋地下鉄・東銀座駅からすぐ ㊐中央区銀座4-12-15 ㊡演目により異なる ㊡休演日（月により異なる）㊞屋上庭園、五右衛門階段、四階回廊は無料、チケットは公式HPを要確認 ㊙あり

1階には花道があり俳優を身近に感じられる

COURSE

11:00	東銀座駅
↓	徒歩すぐ
11:00	歌舞伎座
↓	徒歩8分
12:00	築地本願寺
↓	徒歩4分
13:20	築地場外市場
↓	徒歩3分
14:30	波除神社
↓	徒歩8分
15:00	勝鬨橋
↓	徒歩12分
15:30	築地駅

開場以来、幾度もの災禍を乗り越え復興した

築地本願寺
つきじほんがんじ

オリエンタルでエキゾチックな雰囲気を醸し出す仏教寺院

街角に匂う異国

築地場外市場
つきじじょうがいいちば

約460店舗が営業する日本最大の私設市場

MAP P.100- 2

築地市場移転後も営業を続ける問屋街。鮮魚店や精肉店、野菜、調理器具、刃物店が軒を連ねる。
☎03-3541-9444（NPO法人築地食のまちづくり協議会事務局）㊋地下鉄・築地駅から徒歩1分 ㊐中央区築地4 ㊡㊡見学自由 ㊙あり

日本各地からさまざまな食の専門店が大集合

波除神社
なみよけじんじゃ

"災難を除き、波を乗り切ろう"

MAP P.100- 3

江戸時代の築地埋め立て工事にまつわる逸話にちなみ、厄除け、災難除け、商売繁盛などのご利益で信仰を集めている。☎03-3541-8451 ㊋地下鉄・築地駅から徒歩7分 ㊐中央区築地6-20-37 ㊡㊡参拝自由 ㊙なし

築地を訪れる外国人観光客にも人気が高い

勝鬨橋
かちどきばし

隅田川に架かる国内最大級の跳開橋

MAP P.100- 4

隅田川の下流に架かる。日露戦争における旅順での勝利を記念して設置された「勝鬨の渡し」に由来して名付けられた。
☎03-3543-5672（かちどき橋の資料館）㊋地下鉄・築地駅から徒歩8分 ㊐中央区築地6～勝どき1 ㊡見学自由 ㊙なし

今では開くことのない日本最大規模の跳開橋

LUNCH

要予約のうれしい朝ごはん

築地本願寺カフェ ツムギ
つきじほんがんじ カフェ ツムギ

MAP P.100- 5

阿弥陀仏の本願に由来する「18品の朝ごはん」が人気

☎非掲載 ㊋地下鉄・築地駅からすぐ ㊐中央区築地3-15-1 ㊡8:00～18:00（朝ごはんは～10:30、数量限定）㊡無休 ㊞1000円～（朝ごはんは2200円）㊙あり

アーチ部分や水平部がライトアップされた、隅田川テラスからの絶景

文京区 MAP P.187 D-3

湯島聖堂
ゆしませいどう

震災・戦災を越えて受け継がれた儒教の祖を祀る聖地

注目ポイント
大成殿
土・日曜、祝日には内部を見学することもできる。孔子像や、左右に孟子・顔子・曽子・子思の四賢人が祀られている

元禄3年(1690)、孔子を祀るための建物である孔子廟。儒学の振興を図るため徳川綱吉によって創建された。入徳門から入って突き当たりに構える大成殿(孔子廟)やその前の前庭は中国を題材にしたドラマのロケ地にも選ばれるなど、異国情緒を感じさせる本格的な風格。敷地内の東側に位置する斯文会館では御朱印をもらうこともできるほか、近くに据えられている台北市ライオンズクラブより寄贈された世界最大の孔子像も一見の価値あり。

ACCESS
アクセス

東京駅
↓ JR中央線で4分
御茶ノ水駅

御茶ノ水駅から徒歩2分。

INFORMATION
問い合わせ先

公益財団法人斯文会事務局
☎ 03-3251-4606

DATA
観光データ

開 9:30〜17:00(冬季は〜16:00) 所 文京区湯島1-4-25 休 8月13日〜17日、年末 料 入場無料 P なし

BEST TIME TO VISIT
訪れたい季節

毎年4月第4日曜日に孔子祭を見学できるほか、正月元日〜4日の4日間は「正月特別参観」が行われ、大成殿の内部では売店も開かれる。

102

港区 MAP P.189 D-3

高輪プリンセスガルテン
たかなわプリンセスガルテン

都内にいながら
ドイツの街角に迷い込める小路

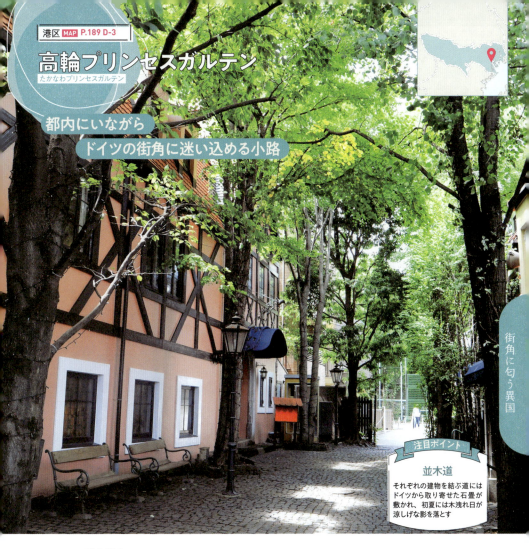

街角に匂う異国

注目ポイント

並木道
それぞれの建物を結ぶ道にはドイツから取り寄せた石畳が敷かれ、初夏には木洩れ日が涼しげな影を落とす

　指揮者の宮城敬雄氏によって作り出された石畳の並木道はドイツ、ローテンブルクの街並みを思わせる。内観、外観ともに南仏の文化を思わせるレストラン、ブラッセリー・ラ・メゾンなどもあり、ヨーロッパを思わせる建物や街並みにひたることができる。宮殿を思わせるコンサートホールのアンビエンテではクラシックコンサートも開催され、見どころは盛りだくさん。リニューアル工事を経て、2025年4月からランチとアフタヌーンティーが、5月から完全に営業開始。

ACCESS
アクセス

東京駅
↓ JR山手線で12分
品川駅
品川駅から徒歩6分。

INFORMATION
問い合わせ先
03-3443-0032

DATA
観光データ

所 港区高輪4-24-40 開 10:00〜18:00(イベント開催時を除く) 休 火・水曜 料 入場無料 P なし

BEST TIME TO VISIT
訪れたい季節

クリスマスシーズンに開催される、クリスマスショップでも知られている。職人が手作りした木製の人形など、本場ドイツさながらのクリスマス関連グッズがならぶラインナップは家族連れにもおすすめ。開催の詳細は公式WEBサイトやInstagramを要確認。

アンビエンテはクラシック音楽向けのコンサートホール。ウィーンを思わせる内装が華麗

渋谷区 MAP P.188 A-1

東京ジャーミイ・トルコ文化センター

とうきょうジャーミイ・トルコぶんかセンター

**伝統的なオスマントルコ様式
重厚華麗な本格モスク**

注目ポイント

ドーム天井
淡い色合いのカラフルな模様や太陽光に輝くきらびやかなステンドグラスなど、本物の礼拝堂の美しさを堪能できる

写真：大野信彦

日本最大のモスク（イスラム教における礼拝所）で、礼拝堂の豪奢なドーム天井や、イスラム圏の伝統的なカリグラフィなど、各所を見学できる。土・日曜、祝日には日本語での館内ガイドツアーも開催されており、初めて訪れる際にはおすすめ。見学前には公式HPの諸注意を一読すること。1階のトルコ文化センターはトルコ料理の食材やおみやげを購入できたり、トルコについて学べる図書が購入できるなど、見学が終わっても体験を深められる要素がたくさんある。

ACCESS
アクセス

渋谷駅
↓ 京王井の頭線で5分
下北沢駅
↓ 小田急小田原線で2分
代々木上原駅

小田急線代々木上原駅から徒歩5分。

INFORMATION
問い合わせ先
☎ 03-5790-0760

DATA
観光データ

所 渋谷区大山町1-19 開 10:00～18:00（金曜は一般見学は14:30～）、ハラールマーケットは～19:00 ※団体での見学は要予約 休 無休 料 無料 P なし

BEST TIME TO VISIT
訪れたい季節

イスラム教のラマダーン（日中に断食を行う）月の1ヵ月、3月から4月にかけては、断食明けの食事、イフタールを一般向けにふるまう食事会が開催される（要予約、信徒以外は1人1回限り）。デーツ（ナツメヤシの実）など、アラビア圏の文化・生活の一端を体験できる。

板橋区 MAP P.185 E-1

浮間公園
うきまこうえん

園内に映える風車に オランダの田園風景が重なる

街角に匂う異国

注目ポイント
風車
浮間が池と並ぶ公園のシンボル。季節・時間ごとにさまざまな表情を見せ、写真を撮るにも絶好の被写体

池のほとりに建てられた風車が独特の風情を醸し出す公園。面積の40%を占める浮間が池は荒川の一部が河川の改修によって池としてこの地に残ったもの。開放的で涼しげな池周辺の空気やサクラソウが魅力的な公園だが、風車をバックに園内を彩る約1万球のチューリップ花壇も一見の価値あり。開けた空と相まって、オランダのような趣が感じられる景観が楽しめる。池では無料で釣りができ、子ども向けの運動広場など楽しみは多岐にわたる。釣り具の貸し出しはないため注意。

ACCESS
アクセス

新宿駅
↓ JR埼京線で約17分
浮間舟渡駅

浮間舟渡駅から徒歩1分。

INFORMATION
問い合わせ先

浮間公園管理所 ☎ 03-3969-9168

DATA
観光データ

所 板橋区舟渡2、北区浮間2 開 休 料 見学自由 P あり

BEST TIME TO VISIT
訪れたい季節

チューリップの開花時期でもある春は、浮間公園に群生するサクラソウや、池沿いの桜が花開く季節。春の花々が織りなす可憐なコラボレーションは何度も訪れてみたくなる素敵な光景だ。家族連れで行くのもおすすめ。

遊具が設けられており、家族連れで楽しめる広場が複数ある。写真は冒険広場

COLUMN

いつ見ても新しい名建築

東京の洋館

多くの近代建築の傑作が震災や戦禍、建て替えなどによって失われていったが、それでもまだ東京には見るべきいくつかの建物が奇跡的に残る。

当時の最高技術が結集した日本初の本格的な西洋風宮殿

迎賓館赤坂離宮
げいひんかんあかさかりきゅう

東宮御所として明治32年(1899)から約10年をかけて建設された日本で唯一のネオ・バロック様式の宮殿建築物。戦後、海外からの賓客を迎える機会が増え、大規模な改修を施し、昭和49年(1974)に現在の迎賓館が完成した。一般公開もしており、本館や庭園、和風別館が見学できる。

港区 MAP P.186 B-4

☎03-5728-7788 交JR／地下鉄・四ツ谷駅から徒歩7分 所港区元赤坂2-1-1 時10:00 〜 16:00(最終入館15:30) 休水曜(祝日の場合は翌日) 料本館・庭園・和風別館2000円(庭園のみ300円、和風別館は要事前予約) Pなし

本館の北側にある前庭はアフタヌーンティーが人気で、本館を真正面から眺められる。南側にある主庭には花壇や国宝の噴水などがある

←和風別館游心亭は、洋風の迎賓館本館に対し、和風の意匠とおもてなしで諸外国の賓客を迎えるための施設として利用

応接間として利用されていた展示室が見どころのひとつ

文学者が愛した重厚感のある本格的な欧風建築

三鷹市山本有三記念館
みたかしやまもとゆうぞうきねんかん

大正末期に建築された洋風建築で、『路傍の石』などで知られる作家・山本有三がかつて家族とともに暮らしており、記念館として現在も残る。石を自然に積み上げたような煙突や、個性的にデザインされた3つの暖炉が見どころ。

三鷹市 MAP P.185 C-2

☎0422-42-6323 交JR中央線・三鷹駅から徒歩12分 所三鷹市下連雀2-12-27 時9:30 〜 17:00(最終入館15:30) 休月曜(祝日の場合は休日を除く翌日と翌々日が休館) 料300円 Pあり

画像提供：公益財団法人 三鷹市スポーツと文化財団

106

ステンドグラスと庭園が美しい瀟洒なイギリス風建物
鳩山会館
はとやまかいかん

大正13年(1924)に岡田信一郎の設計で建てられた、鳩山一郎の私邸。当時としては珍しい鉄筋コンクリート造りの建物には、日本を代表する画家・小川三知によって制作された、鳩をモチーフにしたステンドグラスなどが各所に装飾されている。

文京区 MAP P.186 B-2

☎03-5976-2800 🚇地下鉄・護国寺駅から徒歩8分 📍文京区音羽1-7-1 🕐10:00～16:00(最終入館15:30) 休月曜(祝日の場合は翌平日)、1～2・8月 💴600円 Pなし

→イングリッシュガーデンを思わせる中庭にはバラや季節の花々が咲き誇る

←重厚感のある第一応接室にも、ステンドグラスが装飾されている

慈善事業に尽くした宣教師が住んだレトロな近代木造洋風建築
雑司が谷旧宣教師館
ぞうしがやきゅうせんきょうしかん

明治40年(1907)にアメリカ人宣教師のマッケーレブが自らの居宅として建てたもの。19世紀後半のアメリカ郊外住宅の特徴を捉えたカーペンターゴシック様式の2階建ての建物。シンプルな木造建築で、随所に和と洋が組み合わさった意匠を見ることができる。

豊島区 MAP P.186 B-2

☎03-3985-4081 🚇地下鉄・東池袋駅から、徒歩10分 📍豊島区雑司が谷1-25-5 🕐9:00～16:30 休月曜(休日の場合は翌平日) 💴無料 Pなし

朝香宮鳩彦王(あさかのみややすひこおう)がパリ留学後に情熱を注いだアール・デコの館

東京都庭園美術館
とうきょうとていえんびじゅつかん

本館は朝香宮邸として昭和8年(1933)に建てられたアール・デコ様式の建物。吉田茂 外務大臣公邸、首相官邸や国賓・公賓来日の際の迎賓館などに使用されたのち、昭和58年(1983)に緑豊かな庭園を有する美術館として開館。本館、正門、茶室などが国の重要文化財に指定。

港区 MAP P.188 C-3

☎050-5541-8600(ハローダイヤル) 🚇各線・目黒駅から徒歩6～7分 📍港区白金台5-21-9 🕐10:00～18:00(入館は～17:30) 休月曜(祝日の場合は翌平日) 💴展覧会により異なる(庭園のみ200円) Pあり

COLUMN

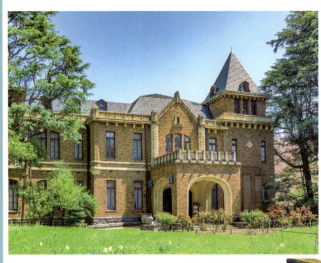

クラシカルな意匠に魅了される
スクラッチタイルの洋館

旧前田家本邸
きゅうまえだけほんてい

旧加賀藩主で前田家第16代当主の利為の自邸として昭和4年(1929)に建てられた、イギリスのチューダー様式の建物。1階は晩餐会が開かれた「大食堂」で、豪華で格式の高い意匠が特徴。2階は前田家の生活スペースになっており、「侯爵の書斎」は当時の写真をもとに修復がなされた。

目黒区 MAP P.188 A-1

☎03-3466-5150(旧前田家本邸洋館) ⊗京王井の頭線・駒場東大前駅から徒歩12分 ⊕目黒区駒場4-3-55目黒区立駒場公園内 ⊕9:00〜16:00 ⊕月・火曜(祝日の場合は開館) ⊕無料 ⊕なし

再現された書斎と次の間。ほかにも婦人室や子供室などがある

ジャコビアン様式の洋館。当時は社交の場として建設された

近代日本建築の礎となった
ジャコビアン様式の洋館

旧岩崎邸庭園
きゅういわさきていえん

三菱財閥の創業者である岩崎彌太郎の長男・久彌の本邸として建てられた。17世紀の英国ジャコビアン様式の装飾が見事で、別棟の撞球室はスイスの山小屋風。設計はジョサイア・コンドル。

台東区 MAP P.187 D-3

☎03-3823-8340 ⊗地下鉄・湯島駅から徒歩3分 ⊕台東区池之端1-3-45 ⊕9:00〜17:00(入園は〜16:30) ⊕無休 ⊕400円 ⊕なし

遠くて近い東京の島

都市のイメージから逃れるかのように伊豆半島の南沖合に連なる東京の島々。黒い砂漠がある、亜熱帯の植生がある、数々の絶景が誘惑する東京の島々へ。

新島村

新島
にいじま

断崖と弧を描く白い砂浜
サーファーが愛する青い海

白ママ断崖
しろママだんがい
MAP P.112- 1

火山灰が生んだ
堂々とそびえる断崖

火山活動の影響で生み出された白い断崖。
最大250mと非常に大きく、伊豆諸島の
ほかの島にも見られない。

📞04992-5-0001（新島観光案内所）🚌新
島港から徒歩40分 所新島村羽伏浦 開休
見学自由 Pあり

遠くて近い東京の島

白い岩や砂がつくり出すのはまばゆいほどの輝きを放つ白い崖や砂浜。自然がつくり出した壮大な景色を洋上や対岸から望められる

MAP P.184 A-3

渋谷「モヤイ像」の故郷で出会う
異国情緒ある石造りの建物と
まばゆく輝く白砂の海岸線

　温暖な気候と火山灰が由来の白い砂浜が魅力的な島。渋谷「モヤイ像」の材料でもある「コーガ石」は島の特産品として古くから知られており、ギリシャ風の建築や、新島のモヤイ像として島の各所で活用されている。白く輝く断崖や砂浜など思い出に残る鮮やかな景色も素晴らしいが、レトロ風な商店街や、オリーブグリーンの色合いが特徴の「新島ガラス」など、この島で営まれてきた生活や歴史にふれてみる体験も味わいたい。

ACCESS アクセス

竹芝桟橋
↓ 東海汽船 大型船で約8時間30分
前浜港

新島港から式根島の野伏港へは連絡船にしきで約15分（1日3便運航）。
新島村式根島支所 ☎04992-7-0004

INFORMATION 問い合わせ先

新島観光案内所 ☎04992-5-0001
式根島観光協会 ☎04992-7-0170

親水公園
しんすいこうえん
MAP P.112-[2]

訪問者を癒やしてくれる透き通った地下水

新島の特徴を生かした、コーガ石と地下水をテーマにした公園。噴水やレストハウスのある、家族連れの憩いの場。
☎04992-5-1772（新島親水公園レストハウス）　❖新島港から車で3分　所新島村瀬戸山120　時見学自由　Pあり

流人墓地
るにんぼち
MAP P.112-[3]

115基の墓石が並ぶ流人たちの足跡

寛文8年(1668)～明治4年(1871)の間流刑地だった歴史を物語る、流人の墓地。
☎04992-5-0001（新島観光案内所）　❖新島港から車で5分　所新島村本村3-1-4　時見学自由　Pあり

連絡船で式根島へ

新島村に属する「式根島」は新島から一日3便出航している連絡船「にしき」で15分。群青色の海に浮かぶ伊豆諸島を臨む展望台や、潮溜まりにできた野趣あふれる温泉など、楽しくリフレッシュできるスポットが点在。島の外周は約12kmと、サイクリングで一周できる規模感であるため、島内に4カ所ある天然露天風呂巡りや荒涼とした岩場などの手つかずの自然を見に行くなど、自分好みの観光コースを組み立ててみるのも楽しい。

1 岩に囲まれた「泊海水浴場」は港から徒歩5分
2 海の見える温泉「地鉈温泉」は神経痛や冷え症などに効能

湯の浜露天温泉 | 海に臨む絶景温泉
ゆのはまろてんおんせん | 夕日や星空も美しい
MAP P.112- 4

コーガ石でできた、古代ギリシャ風の建物が目印。大小6つの湯には24時間入湯可能で、満天の星を楽しめる。

☎04992-5-0284(新島村役場産業観光課) 🚉新島港から徒歩5分 📍新島村 休入場自由(6時～9時は清掃時間のため立ち入り不可) Pあり

広がる青空と
海に浮かぶ島々を堪能

石山展望台
いしやまてんぼうだい
MAP P.112- 5

コーガ石採掘場の先にある展望台。上まで登ればモヤイ像がお出迎え。

☎04992-5-0001(新島観光案内所) 🚉新島港から車で15分 📍新島村 休見学自由 Pあり

結婚式の会場にも選ばれる、純白のメインゲート

羽伏浦海岸 | 陽光を受けて輝く海岸
はぶしうらかいがん | 伊豆諸島屈指の景色
MAP P.112- 6

南北に約7km延びた、新島観光の代表的な光景。白い砂と透き通った海の色が見渡す限り続く。

☎04992-5-0001(新島観光案内所) 🚉車で8分 📍新島村 休見学自由 Pなし

遠くて近い東京の島

八丈島
はちじょうじま

八丈町

ひょうたん形の島に亜熱帯の植生
太古の自然との遭遇

「常春の島」といわれる八丈島。西部には伊豆諸島最高峰の八丈富士が控え、山頂を一周するお鉢巡りでは360度の絶景を堪能できる

遠くて近い東京の島

八丈富士ふれあい牧場
はちじょうふじふれあいぼくじょう
MAP P.116- 1

牧草地の中の遊歩道を歩き展望台に到着

八丈富士の7合目では放牧が行われ、大海原を背景に牛たちがのんびりと草を食む様子がうかがえる。

☎04996-2-1125(八丈町産業観光課産業係) 交八丈島空港から車で15分 所八丈島八丈町大賀郷2551-2 開9:00〜16:00 休無休 Pあり

MAP P.184 A-4

日本とは思えないダイナミックな眺望が楽しめる八丈島でパワフルな大自然を満喫しよう。

　八丈島までは羽田空港から約1時間の距離。八丈富士と三原山の2つの火山があり、豊かな緑と青い大海原に囲まれた島にはほかにはない絶景ポイントが多数。雨量が豊富な島はみずみずしい苔が密生し、森は魅力あふれる快適な場所だ。また水源が豊富で各所に温泉が点在し、滋味あふれる島ならではの食材を使った料理も楽しめる。伊豆諸島のなかでは最も東京都心部から遠い南国・八丈島を存分に探索してみよう。

ACCESS
アクセス

竹芝桟橋
↓ 東海汽船で約10時間20分
底土港

東海汽船で底土港あるいは八重根港に到着。または羽田空港からは55分で八丈島空港に到着。
八丈島空港管理事務所
☎04996-2-0163

INFORMATION
問い合わせ先

八丈島観光協会　☎04996-2-1377

まるで南国を探検しているよう

へゴの森
へゴのもり
MAP P.116-②

天然記念物のヘゴシダが群生する森。私有地のため、ツアーガイド同伴であることが必須。
☎04996-2-1377（八丈島観光協会）交 八丈島空港から車で15分 所 八丈島八丈町中之郷 開 休料ツアーガイドに要確認 P あり

流れ落ちる滝を裏側から眺める

裏見ヶ滝
うらみがたき
MAP P.116-③

駐車場から約10分でたどりつけるプチ秘境。滝の裏側を通る遊歩道から眺める滝は幻想的。
☎04996-2-1125（八丈町産業観光課）交 八丈島空港から車で20分、徒歩10分 所 八丈島八丈町中之郷 開 休 見学自由 P なし

岩がつくり出す絶景

火山岩が作り出すいくつもの海岸は必ず訪れたいスポット。汐間海岸は八丈島唯一のサーフポイント。八丈島の大自然が生み出すサーフブレイクは景観がたいへん美しく、ロングライドできるビッグウエーブも多い。ビジターは地元のサーファーに情報を教わり、ルールとマナーを守ってサーフィンを楽しもう。南原千畳敷の夕景も美しい。夕陽に照らされて影になった八丈小島や、火山岩の台地が白波に洗われているさまが前景となって、いつまでも眺めていたくなる光景だ。

1 八丈富士の噴火の際にできた溶岩台地
2 八丈小島が浮かぶ夕日を見るポイント

116

遠くて近い 東京の島

八丈島で1、2を争う景勝地

登龍峠展望台
のぼりょうとうげてんぼうだい
MAP P.116-4

下方から見上げると龍が昇天するかのように見えるのでこの名がついた。八丈富士や八丈小島を一望できる頂上近くの展望台は島で1、2を争うビューポイント。
☎04996-2-1377（八丈島観光協会） 交 八丈島空港から車で15分 所 八丈島八丈町三根 休 見学自由 P あり

熱帯・亜熱帯の植物が約100種類

八丈植物公園
はちじょうしょくぶつこうえん
MAP P.116-5

八丈島に生息する熱帯、亜熱帯の植物が約100種類見られる。園地ゾーンではキョンも見学できる。
☎04996-2-4811 所 八丈島空港から車で5分 所 八丈島八丈町大賀郷2843 開 9:00〜16:30 休 見学自由 P あり

島内唯一の人工砂浜ビーチ

底土海水浴場
そこどかいすいよくじょう
MAP P.116-6

岩場の多い八丈島のビーチのなかで唯一の人工砂浜。港のすぐそばにあり、八丈ブルーに染まる海は透明度が高く、ウミガメとも気軽に泳げる島いちばんの人気ビーチだ。☎04996-2-1377（八丈島観光協会） 交 八丈島空港から車で7分 所 八丈島八丈町三根 休 見学自由 P あり

大島
（おおしま）

大島町

噴火を繰り返した火山の島に
独自の自然が息づく

国土地理院発行の地図に記された日
本唯一の砂漠がここ。三原山から噴
出したマグマがつくった黒く壮大な風
景だ

遠くて近い東京の島

三原山の東に広がる
広大で黒い砂漠

裏砂漠
うらさばく
MAP P.120-①

スコリアと呼ばれる火山の噴出物に覆われた黒い大地。富士箱根伊豆国立公園に属する特別保護区域で、自然環境や生態系が保護されている。

☎04992-2-2177（大島観光協会） 交岡田港から車で30分、徒歩10分（月と砂漠ライン）、または岡田港から大島バスで18分、徒歩90分（温泉ホテルルート） 所大島町野増 開休見学自由 Pなし

MAP P.184 A-3

島全体が活火山の大島は、裏砂漠など火山がつくった自然と、椿油の生産といった独自の文化を感じられる。

御神火ともいわれる三原山の噴火によってできた大島。繰り返される噴火によって形成された地層の断面が見られたり、噴出物に覆われた砂漠の上を歩いたりと、火山ならではの景色にふれることができる。また、神話の舞台でもある泉津エリアや透明度が高く生物の豊かな海、夕日や星空といった美しい景色などの自然はもちろん、椿油や神社、温泉施設、キャンプ、ゴルフ場など、人の手が加わってつくられた文化や遊びも充実している。

ACCESS
アクセス

竹芝桟橋
↓ 高速ジェット船で約1時間45分
岡田港・元町港

東京竹芝桟橋から岡田港・元町港までは高速ジェット船で約1時間45分。または飛行機で調布飛行場から最短で約25分。
東海汽船お客様センター
☎03-5472-9999

INFORMATION
問い合わせ先

東京都大島支庁 ☎04992-2-4411
大島観光協会 ☎04992-2-2177

泉津の切り通し
せんずのきりどおし
人気の撮影ポイント まるで異世界への道
MAP P.120- 2

まるで巨木の根が自ら割れて道を作ったかと思うような階段の坂。苔むした岩肌、枝葉をくぐって注ぐ陽光が神秘的。
☎04992-2-1446（大島町役場観光課）交岡田港から車で7分 所大島町泉津 開休見学自由 Pなし

砂の浜
さのはま
大島で最長 黒砂のビーチ
MAP P.120- 3

約1kmにわたる玄武岩の砂浜。沖には新島、式根島、神津島など伊豆諸島が浮かび、夕日もきれい。
☎04992-2-1446（大島町役場観光課）交元町港から車で15分 所大島町野増 開休見学自由 Pあり

地層大切断面
ちそうだいせつだんめん
巨大なバウムクーヘンは島の火山活動の記憶
MAP P.120- 4

スコリア、火山灰、風化火山灰と火山からの噴出物が積み重なり、1万5000年もの歳月をかけて形成された地層の断面。
☎04992-2-1446（大島町役場観光課）交元町港から大島バスで20分、地層断面前下車すぐ、または車で15分 所大島町野増 開休見学自由 Pなし

遠くて近い東京の島

大島より古い パワースポット

筆島
ふでじま
MAP P.120-⑤

大島では神の宿る岩ともいわれるパワースポット。火山の凝灰角礫岩が波で浸食され、筆の穂先のような形となった。筆島海岸は「日本の渚百選」でもある。
☎04992-2-1446（大島町役場観光課）　交元町港から車で35分　所大島町波浮港　開見学自由　Pあり

赤禿から見える伊豆大島の海岸線

丘の内部を 間近に観察する

赤禿
あかっぱげ
MAP P.120-⑥

約3400年前の噴火で降り積もったスコリア丘。高温のまま空気に触れたため酸化して、赤錆色をしている。歩道の切り通しから間近に観察可能。
☎04992-2-1446（大島町役場観光課）　交元町港から車で5分　所大島町元町　開見学自由　Pなし

日本随一の椿の島

自生と植林を合わせ、300万本もの椿があるといわれる大島。温暖多雨の気候と火山灰やスコリアといった水はけの良い土壌が椿の生育の適しており、また、火山性のガスや強風に強いことから防風林など火山島ゆえの厳しい自然環境から人々の暮らしを守るために育てられてきたことが大島に椿が多い理由。島の名産となっている椿油は、食用のほか、ヘアオイルなど美容需要も高い。

1 自生種のヤブツバキは大島町の木、および花
2 駅前に展示されているさまざまな品種の椿

御蔵島
みくらじま

御蔵島村

秘境を思わせる島の周囲を
イルカたちが優雅に遊ぶ

海況が穏やかな春〜秋にかけてがシーズン

イルカの機嫌がよかったならばゆっくり観察することも可能。近づきすぎないよう注意

御蔵島への渡りどき

海のほかにも、風雨によってつくられた迫力満点の断崖や、スダジイの巨木に覆われた森林など、御蔵島には自然が織りなす名所がたくさん。反面、気候の影響を受けやすく、渡航当日に海が荒れると接岸できないこともある。梅雨や台風、秋雨前線の影響を受けにくく、季節の変わり目にも該当しない7〜8月が気候的には最も狙い目のシーズンといえるだろう。御蔵島観光協会の公式HPでは汽船の運航状況も確認できる(https://mikura-isle.com/tokaikisen/)ので、見てみるとよい。

1

2

1 極めて急峻な断崖でも知られる御山の白滝
2 森のなかにある散策路を歩くのも楽しい

MAP P.184 A-3

古くからの自然や生活の残る島でありのままに泳ぐイルカの群れをゆっくり観察しよう。

美しい海や神秘的な森に囲まれ、古くから人々の生活が営まれてきた自然豊かな島。付近の海はミナミバンドウイルカの生息地として知られ、ウォッチングツアーやドルフィンスイムなどイルカに親しむアクティビティが楽しめる。悠然と海を泳ぐイルカを海中から楽しめる場所は全国でも有数で、記憶に残る体験になるだろう。自身や周囲の安全のため、参加に際しては必ず現地スタッフからルールの説明やレクチャーを受けること。

ACCESS アクセス

竹芝桟橋
↓ 東海汽船で約7時間25分
御蔵島

竹芝桟橋から三宅島ー御蔵島ー八丈島の3島を一日1往復する客船が毎日運行。または大島や八丈島を経由する飛行機便が毎日1便就航。
東海汽船 ☎03-5472-9999

INFORMATION 問い合わせ先

御蔵島観光協会 ☎04994-8-2022

遠くて近い 東京の島

イルカの泳ぐ海にちょっとお邪魔

イルカウォッチング

MAP P.123

参加する場合は宿泊する宿に予約する際、併せて「イルカウォッチング」を申し込めば宿と契約している船に乗せてもらえる。観光協会には参加受付の窓口はないので注意すること。

※予約を受け付けている宿や、宿が提携している船については、https://mikura-isle.com/ocean（御蔵島観光協会公式HP）を要確認。

御山や長滝山へのハイキングコースも魅力的

神津島
こうづしま

神津島村

透き通る海に守られ神々の伝説を宿す島

赤崎遊歩道
あかさきゆうほどう
MAP P.125- 1

岩場に囲まれた天然の海水浴場

自然の入り江をそのまま生かした海水浴場。比較的、波の穏やかな場所でもあり、遊歩道の飛び込み台から飛び込んだり、シュノーケリングを楽しむ人も多い。
☎04992-8-0011(神津島村産業観光課) 交神津島港から車で15分 所東京都神津島村神戸山1 休見学自由 Pあり

多幸湾展望台
たこうわんてんぼうだい
MAP P.125- 2

昼は島の海と山
夜は満天の星がきれい

多幸湾全体と天上山を見渡す展望台。眼下にはビーチ、漁船の並ぶ港が見える。
☎04992-8-0011(神津島村産業観光課) 交神津島港から村営バスで13分、多幸湾で下車、徒歩20分 所東京都神津島村 休見学自由 Pあり

124

MAP P.184 A-3

島のシンボル天上山に、天然の岩場を利用した海水浴場・赤崎遊歩道など、海と山の魅力あふれる島だ。

伊豆諸島のなかで最西に位置し、地図上では伊豆半島の南にあるが住所は東京都。しかも富士箱根国立公園に指定されているというちょっと不思議な立ち位置の島だ。中央部には標高572mの天上山があり、変化に富んだコースでの本格トレッキングが楽しめる。もちろん、ビーチも素晴らしく海のアクティビティも盛ん。満天の星に見晴らしの良い展望台、神社巡りなど多様な楽しみ方のできる島だ。海鮮を中心に食材も豊富。

展望台からは伊豆諸島や遠く富士山、南アルプスまで見える

ACCESS アクセス

竹芝桟橋
↓ 大型船で約10時間

神津島港・三浦港
東京から高速ジェット船で約3時間。または調布飛行場から最短で約45分。
神津島港湾空港管理事務所
☎04992-8-1311

INFORMATION 問い合わせ先

神津島村役場 ☎04992-8-0011

遠くて近い東京の島

ジュリアの十字架
ジュリアのじゅうじか
MAP P.125-3

島に流刑となったキリシタンを偲ぶ

家康の侍女となった朝鮮人女性、ジュリアを偲ぶ十字架。日本名はおたあで、神津島に流刑後、人々に教えを説いたという。
☎04992-8-0011(神津島村産業観光課) 交神津島港から車で6分 所東京都神津島村鴎穴 休見学自由 Pあり

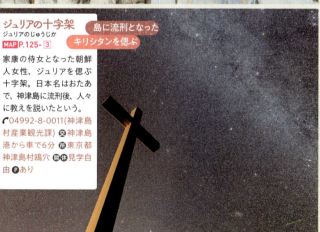

125

三宅島
みやけじま

三宅村

黒潮の海に囲まれた島に満天の星が降り注ぐ

伊豆岬灯台
いずみさきとうだい
MAP P.127-①

明るく深い海の色に純白の灯台が映える

明治42年(1909)建造の角柱型灯台で、純白の灯台は全国でも珍しい。星空鑑賞スポットとしてもおすすめ。
☎04994-5-1144(三宅島観光協会) 交三池港から村営バスで35分、伊豆岬入口下車、徒歩30分 または錆ヶ浜港から村営バスで20分、伊豆岬入口下車、徒歩30分 または伊ヶ谷港から車で8分 所三宅島三宅村伊豆 開休見学自由 Pあり

ひょうたん山
ひょうたんやま
MAP P.127-②

力強い自然が生むパワフルな山容

昭和15年(1940)の噴火により22時間でできたひょうたん山。名前のとおり2連の丘だったが、波風に削られ現在、丘は1つ。
☎04994-5-1144(三宅島観光協会) 交三池港から村営バスで5分 所三宅島三宅村 開休見学自由 Pあり

灯台の明かり以外に光がなく、星空もよく見える

MAP P.184 A-3

温暖な気候も魅力。豊かな大自然が広がる島でダイビングやトレッキング、野鳥観察などが楽しめる。

　島の大きさは山手線の内側と同じくらい。東日本火山帯にある活火山の島で、今でも約20年周期で噴火し続けている。海の中には火山島ならではの起伏に富んだ地形が広がっており、柱状節理や海中アーチなどユニークな景色が見られるとダイビング・スポットとしても人気。黒潮が島に沿っているため海の生態系も豊かで、大型回遊魚や熱帯魚、ウミガメなどとも遭遇できる。釣りの名所でもあり、食の面でも楽しみは尽きない。

ACCESS アクセス

竹芝桟橋
↓ 大型客船で約5時間30分
三池港・錆ヶ浜港

飛行機を利用する際は調布飛行場から最短で約50分。
錆ヶ浜待合所
☎04994-5-0221

INFORMATION 問い合わせ先

三宅島観光協会 ☎04994-5-1144

遠くて近い東京の島

集落を飲み込んだ溶岩の上を歩く

火山体験遊歩道
かざんたいけんゆうほどう
MAP P.127-③

かつては阿古小中学校があった、昭和58年(1983)の噴火跡につくられた木道。人的被害はなかったものの、校舎や人家を飲み込んだ黒い溶岩に圧倒される。
☎04994-5-1144(三宅島観光協会) 🚌錆ヶ浜港から村営バスで5分、夕景浜下車、徒歩5分 🏠三宅島三宅村阿古 営休見学自由 Pあり

COLUMN

固有種の世界が広がる東京の秘境

小笠原諸島の自然

主に亜熱帯気候に属する小笠原諸島の環境に育まれた原生林や、
透き通った海。ここだけに見られる自然を堪能したい。

**はるか1000km先の孤島
旅を終えた生物たちの楽園**

　小笠原諸島は本州から約1000kmの太平洋上に浮かぶ約30の島からなる。総面積104km²程度の小さな島々は一度も大陸と地続きになったことがなく、生息する動植物はすべて風や海流、鳥により、海を越えて運ばれてきたもの。「東洋のガラパゴス」とも呼ばれるほど独特な進化を遂げた固有種が多く、平成23年(2011)には世界自然遺産に登録された。クジラやイルカのウォッチングツアーやエコツアーが開催されており、数少ない有人島である父島と母島には観光で訪れることも可能。サンゴ礁が広がる透き通った群青色の海や、亜熱帯の気候が生み出した密林など、ここでしか出会えない自然が次々に出迎えてくれる。また、特産品のトロピカルフルーツやラム酒も旅情に満ち、小笠原諸島ならではの体験を心ゆくまで楽しむことができるだろう。

**海鳥やウミガメの生息地
ルールを守って自然を堪能しよう**

南島
みなみじま

父島南西沖の無人島。石灰岩が作り出す無骨な岩肌や鋭く尖った地形など、小さい面積に味のある景色が目白押し。エコツーリズムの対象地になっており、国の天然記念物。

父島 MAP P.184 A-4
☎04998-2-2587(小笠原村観光協会) 交ツアーによって異なる 所小笠原村 開休料ツアーによって異なる Pなし

タコのような根が特徴的な固有種「タコノキ」はさまざまな場所で見られる

**巨木の森が広がる
霧に包まれた不思議の森**

石門一帯
せきもんいったい

湿性高木林と呼ばれる背の高い原生林に覆われた緑の世界。ほかでは見られない植物も自生しており、頻繁に立ちこめる霧もあいまって、内部はほとんど異世界。

母島 MAP P.184 A-4
☎04998-3-2300(小笠原母島観光協会) 交ツアーガイドに同伴 所小笠原村母島 開休料10～2月は入林禁止 料ツアーによって異なる P非掲載

ガイドの同伴が無ければ入山することはできないため注意

創意あふれる近未来建築

変化を続ける東京のなかでも
ひときわ個性を放つ建築の数々。
まるで未来から届けられたかのような
ユニークな造形に建築家の創意が光る。

千代田区 MAP P.189 E-1

東京国際フォーラム
とうきょうこくさいフォーラム

未来へ向け飛び立つような船を模したガラス棟の迫力

設計した人

ラファエル・ヴィニオリ
ウルグアイに生まれ、のちにアメリカに移住。ニューヨークを拠点に活躍。世界中で600以上の建物を設計

創意あふれる近未来建築

多彩な顔を持つコンベンション&アートセンター。船の形をしたガラスのアトリウムをはじめ、魅力あふれるフォトジェニックな場所がいっぱい

> 全長207m、高さ60mのガラス棟は、スロープで最上階まで登れる宇宙船のような空間。昼は自然光が降り注ぎ、ライトアップされる夜には船底がくっきりと浮かび上がる。

平成9年（1997）、東京国際フォーラムは旧東京都庁跡地に誕生した。東京のフォトジェニックなランドマークのひとつとしても知られている。メインロビーとなるガラス棟は地下1階にある高さ60mの吹き抜けだ。壁面には3600枚のガラスが使われ、下から見上げると巨大な船底にいるような不思議な感覚にとらわれる。ダイナミックで開放感あふれる空間は、昼間は陽光が降り注ぎ、夜間はライトアップされ、たいへん美しい。最上階の7階にはラウンジがあり、東京駅周辺の街並みを眺めることができる。

夜間のガラス棟は各所がライトアップされ、昼間とはまた違った魅力あふれる空間となる

建物を横切るように交差した渡り廊下はガラス棟全体を見渡せる

建物は山手線のカーブに沿って船の形にデザインされ視覚的にも美しく配置されている

ACCESS
アクセス

東京駅

東京駅から徒歩5分。または有楽町駅から徒歩1分。または地下鉄・有楽町駅からすぐ。

INFORMATION
問い合わせ先

東京国際フォーラム☎03-5221-9000

DATA
観光データ

所 千代田区丸の内3-5-1　開 7:00～23:30　休 見学自由　P なし

BEST TIME TO VISIT
訪れたい季節

ゴールデンウイークの時期に東京国際フォーラムで開催される日本最大級のクラシックの音楽祭「ラ・フォル・ジュルネTOKYO」。これまでのクラシックコンサートの枠を拡大した魅力あふれる音楽祭には、国内だけでなく国外からも多くのクラシックファンが訪れる。

ガラス棟前の中央広場は植えられた木々の緑もさわやかな過ごしやすい空間になっている

TRAVEL PLAN

東京駅周辺にはアートをテーマにした美術館や建築物が数多く点在している。アートスポットを巡りながらその魅力をじっくりと味わってみたい。

©Tokyo Tender Table

COURSE

- 10:00 東京駅
  - ↓ 徒歩すぐ
- 10:00 東京ステーションギャラリー
  - ↓ 徒歩8分
- 10:40 三菱一号館美術館
  - ↓ 徒歩すぐ
- 11:20 丸の内ブリックスクエア
  - ↓ 徒歩2分
- 12:10 明治安田ヴィレッジ 丸の内
  - ↓ 徒歩すぐ
- 13:00 静嘉堂文庫美術館
  - ↓ 徒歩8分
- 13:50 東京国際フォーラム
  - ↓ 徒歩すぐ
- 15:00 有楽町駅

東京ステーションギャラリー
とうきょうステーションギャラリー
MAP P.132-1

重要文化財の駅舎で近現代のアートを堪能

東京駅構内に設けられた美術館。東京駅の特徴でもある煉瓦の壁を展示室にも利用し、洒脱な空間で美術鑑賞を楽しめる。
℡03-3212-2485 交各線東京駅から直結 所千代田区丸の内1-9-1 営休展覧会により異なる Pなし

駅舎の建築を活かしたモダンな内装

三菱一号館美術館
みつびしいちごうかんびじゅつかん
MAP P.132-2

美術館として蘇った明治の建築

ジョサイア・コンドルが設計した洋風建築を美術館として復元。クラシックな明治期の外観がひときわ目を引く。
℡050-5541-8600(ハローダイヤル) 交各線・東京駅から徒歩5分 所千代田区丸の内2-6-2 営10:00～18:00、金曜・第2水曜・展覧会の最終週平日は～20:00(最終入館は各30分前) 休月曜 料展覧会により異なる Pあり

ヨーロッパの城館を思わせる赤レンガ造り

プレゼント選びにうれしい

丸の内ブリックスクエア
まるのうちブリックスクエア
MAP P.132-3

三菱一号館美術館などに隣接する複合施設。高感度なショップやレストランも。℡03-5218-5100(丸の内コールセンター) 交JR東京駅から徒歩5分／地下鉄・二重橋前駅から徒歩3分 所千代田区丸の内2-6-1 営11:00～21:00(レストランは～23:00)※日曜、祝日は各1時間前まで 休法定点検日 Pあり

緑豊かな一号館広場は都会のオアシス

明治安田ヴィレッジ 丸の内
めいじやすだヴィレッジ まるのうち
MAP P.132-4

訪れた人と人とがつながる空間

コンセプトは「地元のひとがげんきになる空間」。地域住民や、訪れた人々と、「健康」や「地域貢献」に関連したコンテンツとをつなぐ場所。
℡03-3283-9252(丸の内センター) 交各線・東京駅から徒歩5分 所千代田区丸の内2-1-1 休店舗により異なる Pあり

静嘉堂文庫美術館
せいかどうぶんこびじゅつかん
MAP P.132-5

三菱ゆかりの、国宝を含む約6500点の東洋古美術品を収蔵している美術館。明治生命館の1階に展示室があり、建築も見事。℡050-5541-8600 交各線・東京駅から徒歩5分 所千代田区丸の内2-1-1 明治生命館1F 営10:00～17:00(夜間開館あり) 休月曜 料1500円 Pあり

荘厳できらびやかなオフィス街の美術館

建築は古典主義様式の最高峰で国の重要文化財

buy
東京ビル地下1～3階の商業ゾーン

東京ビル TOKIA
とうきょうビル トキア
MAP P.132-6

東京駅にほど近く、多様な店舗が揃っている

℡03-5218-5100 所千代田区丸の内2-7-3 営11:00～23:00(日曜、祝日は～22:00) 休法定点検日

東京国際フォーラム
とうきょうこくさいフォーラム

総ガラス張りで吹き抜けのガラス棟は巨大な船形アトリウム

創意あふれる近未来建築

港区 MAP P.188 C-1

国立新美術館
こくりつしんびじゅつかん

重力から解放され
波打つ曲線を描くガラスの建築美

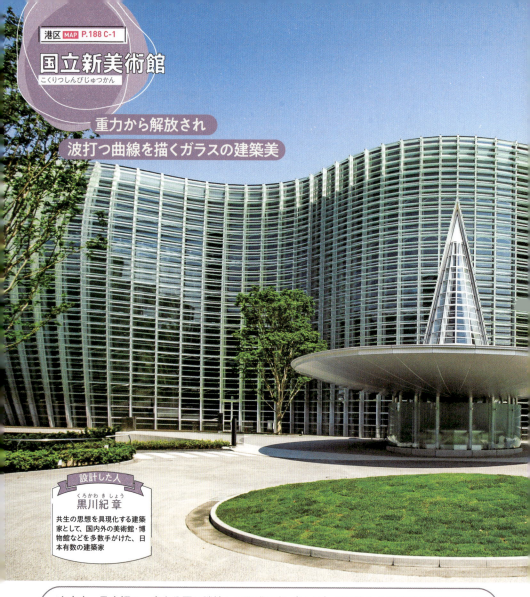

設計した人
黒川紀章
くろかわきしょう

共生の思想を具現化する建築家として、国内外の美術館・博物館などを多数手がけた、日本有数の建築家

六本木・乃木坂の、青山公園に隣接して平成19年（2007）に誕生した国立新美術館。自然との共生を表した見事な建築美と、その空間に生まれる癒やしの時間を味わいに訪れたい。

波打つようなガラス張りのカーテンウォールが160mにわたって続く印象的なファサードを持つ美術館。「森の中の美術館」をコンセプトに、周囲の風景や外部からの光を取り込み、環境とともにアートに浸れる場を提供する。コレクションを持たない唯一の国立美術館でもあり、のべ面積1万4000㎡の広大な展示スペースでは多彩な企画展や公募展が開催される。自由に入場できるエントラスロビーには素敵な椅子が並び、カフェや有名レストランも入る、まさに巨大なアートサロンのようだ。

12の展示室と豊富なアートライブラリーや講堂、研修施設など、その規模は国内最大級

正面玄関の屋根に設置された円錐形エレメント。「神の幾何学か」と語った建築家・黒川紀章の代名詞でもある

ACCESS
アクセス

東京駅
↓ 東京メトロ丸ノ内線で2分
銀座駅
↓ 東京メトロ日比谷線で10分
六本木駅

六本木駅から徒歩5分。または地下鉄・千代田線乃木坂駅からすぐ。

INFORMATION
問い合わせ先

国立新美術館 ☎050-5541-8600

DATA
観光データ

所 港区六本木7-22-2 開 10:00〜18:00(入場は〜17:30、展覧会により変動あり) 休 火曜 料 展覧会により異なる P 東京ミッドタウン駐車場、六本木ヒルズ駐車場などを利用

BEST TIME TO VISIT
訪れたい季節

隣接する青山公園の豊かな緑が生い茂る新緑〜夏は、最もその真価を発揮する季節。2023年にリニューアルして芝生の丘や遊具の置かれた公園などが整備され、ガラス越しに森と、そこで憩う人々の姿が映る。

明るく開放的な吹き抜けロビー。水玉模様が施されたガラスが外部からの光を和らげる

創意あふれる近未来建築

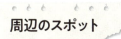

周辺のスポット

森美術館
もりびじゅつかん

現代アートが集う天空の美術館

MAP P.135

現代アートを中心に、建築、写真などさまざまに紹介する国際的な美術館。
☎050-5541-8600 交東京メトロ日比谷線・六本木駅から徒歩3分 所港区六本木6-10-1 六本木ヒルズ森タワー53階 休展覧会により異なる Pあり

外観(ミュージアムコーン)
画像提供:森美術館
Museum Cone at Night
Photo courtesy: Mori Art Museum, Tokyo

美術館用の入口であるミュージアムコーン

文京区 MAP P.186 B-2

東京カテドラル聖マリア大聖堂
とうきょうカテドラルせいマリアだいせいどう

降り注ぐ光の帯が祝福する
モダニズムの優美な造形

設計した人

丹下健三
たんげ けんぞう

国立代々木競技場や東京都庁の建築で知られ、いち早く世界で活躍したことから「世界のタンゲ」と呼ばれた

> JR目白駅から近い斬新なデザインの大聖堂。世界的建築家、丹下健三による貴重な近代教会建築を見ることができる。

異世界のようなコンクリートの聖堂内部は、一般に認識する教会様式とはまるで違う空間が広がる。ステンドグラスの代わりに、薄いアラバスター大理石をはめ込んだはしご状の窓をしつらえ、そこに17mの大十字架が映える。明治時代より始まるこの教会は、大司教が公に儀式を司式し教えを指導する、カテドラル＝司教座のある教会を意味する。第二次大戦で焼失し昭和39年（1964）に再建、世界の丹下健三の手により設計された。60年前の建築とは思えない斬新さで、今も訪れる人々を魅了する。

一見すると教会とは思えない外観だが、上空からは十字架を形づくっているのがわかる

周辺のスポット

文京区立肥後細川庭園
ぶんきょうくりつひごほそかわていえん

MAP P.137

旧細川家邸宅の跡地に広がる名庭。台地の斜面や湧水の流れを生かした池泉回遊式庭園は、見事な眺め。
☎03-3941-2010　地下鉄・江戸川橋駅から徒歩15分
所 文京区目白台1-1　9:00～17:00（11月～1月は～16:30）※最終入園は各30分前　休12月28日から1月4日
P なし

目白台地に広がる花と紅葉の名所

松の雪吊りの風景が大名庭園の情緒を伝える
画像提供：文京区

ACCESS
アクセス

東京駅
↓ JR山手線で26分
目白駅

目白駅から都営バスで7分、ホテル椿山荘東京前バス停で下車、徒歩1分。または地下鉄・江戸川橋駅から徒歩15分

INFORMATION
問い合わせ先

東京カテドラル聖マリア大聖堂
☎03-3941-3029

DATA
観光データ

所 文京区関口3-16-15　開 9:00～17:00（見学の場合）　休 ミサや催しの日は見学不可、要確認　料 無料　P なし

BEST TIME TO VISIT
訪れたい季節

一般見学は9:00～17:00に許可されているが、12月には8日に行われる「無原罪の聖母の祝日」ミサをはじめ、パイプオルガンの音色が響き渡るクリスマスコンサートも開催。荘厳な空間を感じられるこの季節にぜひ訪れたい。

天井にしつらえた天窓から降り注ぐ光がコンクリートの壁を照らし、神聖な空間をいっそう厳かなものにしている

創意あふれる近未来建築

新宿区 MAP P.186 A-4

モード学園コクーンタワー
モードがくえんコクーンタワー

幾何学模様をまとって
都心にそびえる巨大な繭のタワー

設計した人
丹下憲孝（たんげ のりたか）
建築家・丹下健三を父に持つ建築家。代表作はフジテレビの「FCGビル」や「ザ・プリンスパークタワー東京」など

新宿の高層ビル街にあって、周囲の景色に埋没しない、意表をつくデザインの超高層ビル。東京モード学園をはじめとする専門学校と大学が占有する総合校舎。「創造する若者を包み込み、触発させる」という意味を込め「繭（コクーン）」をイメージしたデザインになった。すぐれた超高層建築に与えられるエンポリス・スカイスクレイパー賞を日本で初めて受賞。高層部は一般には開放されていないが、ホールのある低層部には入場できる。ただし、一般向けの見学施設はない。

ACCESS
アクセス

新宿駅

新宿駅から徒歩3分。

INFORMATION
問い合わせ先

コクーンタワー ☎ 03-3344-6000

個性的な外観は新宿エリアのランドマークとして、景観に特徴と味わいとを与えている

DATA
観光データ

所 新宿区西新宿1-7-3 開 10:00～20:00 休 無休 料 無料 P あり

BEST TIME TO VISIT
訪れたい季節

夜も明かりが消えない新宿のビル街。そのなかにあって特徴的な曲線美を誇り、自らも煌々とついた電気で夜景を賑わせるコクーンタワーは夜に見るのも魅力的。冬場の暗い時期に新宿を訪れたなら、ひと目見てみるのも良い。

138

渋谷区 MAP P.188 B-2

渋谷区立松濤美術館
しぶやくりつしょうとうびじゅつかん

建物の内と外が同居
建築家が放つ哲学の美意識

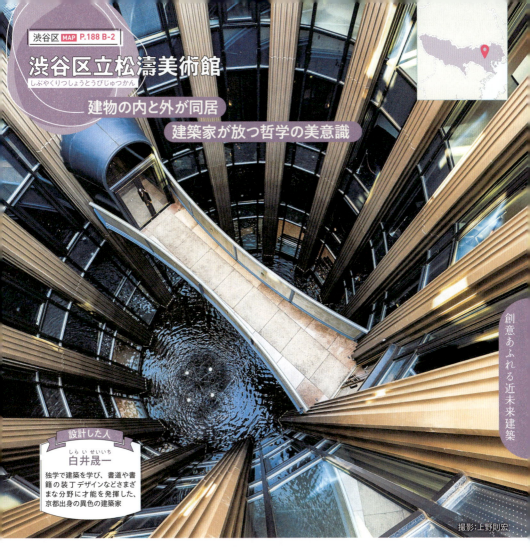

創意あふれる近未来建築

設計した人
白井晟一
しらい せいいち
独学で建築を学び、書道や書籍の装丁デザインなどさまざまな分野に才能を発揮した、京都出身の異色の建築家

撮影：上野則宏

昭和56年(1981)に開館した公立美術館。曲線美を追求したらせん階段や、建築家自らがこだわりぬいた建材や調度品などが無二の存在感を放つ建築は、建物そのものがアートとなって来館者を迎えているかのよう。外壁には窓が少なく、代わりに曲面と柱の直線が極めて印象的な吹き抜けを採光に利用している。楕円形で底部に噴水がある吹き抜け部分は非日常的な魅力に満ちており、必見。特別展開催中の金曜の18時から40分間、学芸員による館内建築ツアーも行われている。

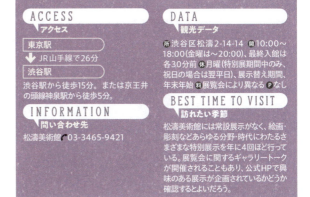

ACCESS
アクセス

東京駅
↓ JR山手線で26分
渋谷駅

渋谷駅から徒歩15分。または京王井の頭線神泉駅から徒歩5分。

INFORMATION
問い合わせ先

松濤美術館 ☎03-3465-9421

DATA
観光データ

所 渋谷区松濤2-14-14 開 10:00～18:00(金曜は～20:00)、最終入館は各30分前 休 月曜(特別展期間中のみ、祝日の場合は翌平日)、展示替え期間、年末年始 料 展覧会により異なる P なし

BEST TIME TO VISIT
訪れたい季節

松濤美術館には常設展示がなく、絵画・彫刻などあらゆる分野・時代にわたるさまざまな特別展示を年に4回ほど行っている。展覧会に関するギャラリートークが開催されることもあり、公式HPで興味のある展示が企画されているかどうか確認するとよいだろう。

COLUMN

新しい東京の街並み

未来の東京絶景

「100年に一度」といわれる大規模再開発の真っ只中にある東京で、これから風景のひとつになるだろう新しい施設を紹介。

日本橋の新しい街づくり。首都圏の大動脈を地下へ

※再開発の計画はイメージです。提供：首都高速道路株式会社

日本橋 首都高地下化（2040年）
にほんばし しゅとこうちかか

「日本橋に青空を」のスローガンを掲げ、日本橋上空に架かる首都高速道路を地下トンネル化。2024年から10年に及ぶ工事によって長期耐久型の道路へリニューアルする。

東京湾や都市の夜景、都心の杜から富士山までを一望
新たな東京のランドマーク

提供：三菱地所株式会社

トーチタワー（2028年）

千代田区大手町に誕生した、トウキョウトーチ（TOKYO TORCH）のメインタワーとして、高さ385mの超高層ビルの「トーチタワー（Torch Tower）」が2028年に竣工する。最上階には都内最高層の展望施設を設け、アジア初進出のウルトララグジュアリーホテル「ドーチェスター・コレクション」が開業予定だ。

寺社、美の巡礼

4000を超えるともいわれる都内の寺社。古くは古代を起源とし、中世、近世、近代と人々の心を支えてきた。数々の祈りが重なる聖地に、美を発見する旅。

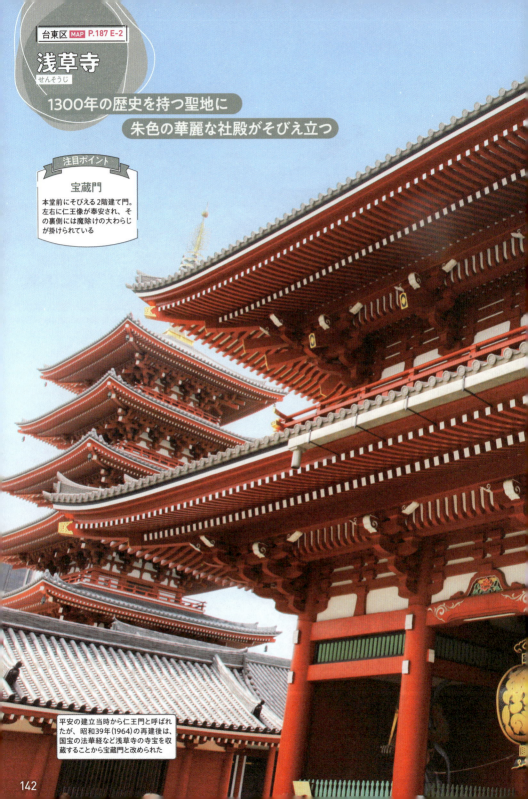

台東区 MAP P.187 E-2

浅草寺
せんそうじ

1300年の歴史を持つ聖地に
朱色の華麗な社殿がそびえ立つ

注目ポイント

宝蔵門

本堂前にそびえる2階建て門。左右に仁王像が奉安され、その裏側には魔除けの大わらじが掛けられている

平安の建立当時から仁王門と呼ばれたが、昭和39年(1964)の再建後は、国宝の法華経など浅草寺の寺宝を収蔵することから宝蔵門と改められた

寺社、美の巡礼

143

年間3000万人もの参拝者が訪れるといわれ、今や日本を代表する観光スポットとなっている浅草寺。大提灯の掛かる雷門は、世界に共通する浅草を象徴する風景でもある。

創建は推古天皇36年(628)と伝わる都内最古の寺院。霊験あらたかな寺として室町以降は多くの武将の崇敬を集め、徳川家康も関ヶ原の勝利祈願に訪れたという。本堂に聖観世音菩薩を奉納することから「浅草の観音様」と称され、江戸時代より庶民に開かれた寺となり今日に至る。日没後は毎日23時までライトアップされ、昼間とは異なる荘厳な姿を見ることができる。また、仲見世通りに連なる商店街の屋根が改修中で、2025年3月には現在の緑青色から銅色に輝く屋根へと変わる予定だ。

ACCESS
アクセス

東京駅
↓ JR山手線で8分
上野駅
↓ 東京メトロ銀座線で5分
浅草駅

浅草駅から徒歩3分。

INFORMATION
問い合わせ先
☎ 03-3842-0181

DATA
観光データ
所 台東区浅草2-3-1 開 6:00〜17:00
休 無休 料 無料 P なし

BEST TIME TO VISIT
訪れたい季節

7月9・10日は「四万六千日・ほおずき市」が開催され、境内は色鮮やかなオレンジ色に染まる。12月17〜19日の「納めの観音ご縁日」は、正月の縁起物である豪華な羽子板がずらりと並ぶ「羽子板市」が見どころ。

見どころ案内
歴史を感じる建物と江戸情緒が漂う

浅草寺の玄関となる雷門から入り、本堂前の宝蔵門まで250m続く参道には、江戸時代から商いをする店も多くある仲見世商店街が続く。本堂の天井に描かれている『龍之図』『天人之図』も圧巻。また、仲見世の西側にある伝法院（こぼりえんしゅう）には、不定期で公開される小堀遠州の手による桜の美しい回遊式庭園が広がる。

1 雷門に掛かる大提灯。底部分には龍の彫刻も
2 観音菩薩を奉納する本堂にも大提灯が掛かる
3 およそ90店の商店が並ぶ仲見世商店街
4 期間限定公開される国指定名勝の伝法院庭園

TRAVEL PLAN

浅草寺の門前町として、歴史と文化に彩られた国内屈指の観光エリア。江戸の下町情緒やグルメにあふれ、レトロな遊園地も楽しめる。

COURSE

10:00	浅草駅
↓	徒歩すぐ
10:05	浅草寺
↓	徒歩すぐ
11:30	浅草観光文化センター
↓	徒歩5分
12:00	浅草公会堂
↓	徒歩18分
12:30	鷲神社
↓	徒歩15分
13:15	浅草花やしき
↓	徒歩11分
14:30	台東区立隅田公園
↓	徒歩2分
15:30	浅草駅

浅草寺
せんそうじ

日本を代表する寺院と、賑やかな仲見世を散策

押しも押されぬ芸事の本場・浅草を楽しんで

浅草公会堂
あさくさこうかいどう

MAP P.144-2

懐かしさ漂う 多彩な劇場

歌舞伎や日本舞踊の公演に花道を設置できる豪華な設備を持つ公会堂として有名。毎年1月には1カ月間の新春浅草歌舞伎が上演される。
📞03-3844-7491 🚃各線・浅草駅から徒歩5〜7分 📍台東区浅草1-38-6 🈳催しにより異なる 💰要確認

施設の前にある有名人の手型も人気スポット

酉の市には開運を祈る多くの人が訪れる

鷲神社
おおとりじんじゃ

MAP P.144-3

酉の市で賑わう パワースポット

酉の市発祥の地とされ、「おとりさま」の愛称で親しまれる神社。毎年11月には幸せを掻き込むといわれる熊手を買い求める参拝客で賑わう。
📞03-3876-1515 🚃各線浅草駅から徒歩15分 📍台東区浅草1-18-7 🈳休 参拝自由 💰あり

170周年を機に 新エリアが誕生！

浅草花やしき
あさくさはなやしき

MAP P.144-4

江戸時代より続く日本で最も歴史ある遊園地。現存するなかでは日本最古のローラーコースターなど、レトロなアトラクションが楽しめる。📞非掲載 🚃各線・浅草駅から徒歩10分 📍台東区浅草2-28-1 🈳10:00〜18:00(入園は30分前まで) 🈳不定休(公式HPを要確認) 💰1200円(のりものの料金は別途) 💰なし

2023年7月にオープンした新エリアも話題

浅草文化観光センター
あさくさぶんかかんこうセンター

MAP P.144-1

雷門の反対側にある、建築家・隈研吾氏による木造長屋を彷彿させる8階建ての観光案内所。展望台の眺望も抜群で、カフェの利用もできる。
📞03-3842-5566 🚃各線浅草駅から徒歩5分 📍台東区雷門2-18-9 🈳9:00〜22:00 🈳無休 💰なし

浅草界隈を一望する 観光の拠点

展望台から仲見世や東京スカイツリー®を望む

隅田川の眺めと 桜並木で知られる

台東区立隅田公園
たいとうくりつすみだこうえん

MAP P.144-5

隅田川に沿って南北に長く続く公園。川沿いは東京でも有数の桜の名所で、浅草流鏑馬や花火大会など、催しも多数。
03-5246-1111(台東区役所) 🚃各線・浅草駅から徒歩7分 📍台東区浅草7-1ほか 🈳見学自由 💰あり

春の桜のほか、初夏のアジサイも美しい

寺社、美の巡礼

渋谷区 MAP P.186 A-4

明治神宮
めいじじんぐう

先人たちの想いと真心によって造られた"永遠の森"に人々の心が寄り添う

注目ポイント
明治神宮100年の森
明治天皇と昭憲皇太后を祀るために第一線の林学者たちによって照葉樹の森が造られ、原野は豊かな森になった

> 大正9年（1920）、明治天皇と昭憲皇太后をお祀りするため創建。約70万㎡の境内には全国から献木された約10万本の植樹が行われ、照葉樹を主木にした神宮の森が造成された。

明治神宮の名前は御祭神である明治天皇に由来する。鬱蒼とした森に囲まれた神社のある内苑と、神宮球場などがありイチョウ並木が続く外苑とで構成されており、和洋が混在することで独自の文化を生み出した明治という時代を象徴しているかのようだ。

全国から集められた約10万本の献木と人々の労力により、原野は人工の森となった。森を造るにあたっては当時の林学の専門家たちが提唱した常緑広葉樹林を目指し、人の手を加えなくても更新されていく生物多様性の森となっている。

本殿ほかは戦災で焼失するも昭和33年（1958）に再建。戦後の神社建築として価値が高い

146

ACCESS
アクセス

新宿駅
↓ JR山手線で4分
原宿駅

JR／地下鉄・原宿駅から徒歩1分。または各線代々木駅から徒歩5分

INFORMATION
問い合わせ先

☎ 03-3379-5511

DATA
観光データ

所 渋谷区代々木神園町1-1 開休 料 見学自由 P あり

BEST TIME TO VISIT
訪れたい季節

大正12年（1923）、外苑に植栽されたイチョウ並木は現在では約300m続く街路樹となっており、多くの人々から愛されている。イチョウ並木が最も美しく映えるのは秋。葉が黄金色に輝き、異国のようなロマンティックな雰囲気を醸し出す。

寺社、美の巡礼

神宮外苑のイチョウ並木は東京でも屈指の人気散策スポット。ドライブにもおすすめ

人工林とは思えないほど植生が豊か。散策していると野鳥のさえずりや風に揺れる木々のざわめきなどが聞こえる

森にいるような開放的な空間

明治神宮ミュージアム
めいじじんぐうミュージアム

MAP P.147

御祭神の遺品を展示・保存。キヨッソーネの描いた尊影や憲法発布の日に乗車された六頭立て儀装車などが収蔵・展示されている。

☎ 03-3379-5875 交 JR原宿駅から徒歩5分 所 渋谷区代々木神園町1-1 10:00～16:30 休 木曜 料 1000円 P あり

147

千代田区 MAP P.189 D-1

日枝神社
ひえじんじゃ

古都の風情をまとう
鳥居が連なるトンネル

注目ポイント

鳥居

90基の朱色の鳥居と毎年奉納される幟が重なるように立ち並ぶ稲荷参道は人気のスポット

　鎌倉時代に江戸氏が川越から山王宮を勧請し、江戸城を建てた太田道灌が城内に山王社を再興した。その後江戸城に入城した徳川家康は厚く山王社を崇敬した。江戸城大改築の際、庶民も参拝できるよう今の麹町隼町に遷ったが、明暦の大火で罹災。現在の溜池の近くの永田町に新社地を定めた。東京大空襲で社殿が焼失したが、昭和33年(1958)再建。宝物殿には国宝、重要文化財の刀剣や江戸時代当時の山車人形などが多数所蔵。御祭神の大山咋神の使いの猿にちなみ、縁結び、安産などのご利益が有名である。

ACCESS
アクセス

東京駅
↓ 東京メトロ銀座線で9分
赤坂見附駅
赤坂見附駅から徒歩5分。

INFORMATION
問い合わせ先

03-3581-2471

DATA
観光データ

所 千代田区永田町2-10-5 開 6:00～17:00(授与所・朱印所は8:00～16:00、祈禱受付・宝物殿は9:00～16:00) 休無休 料無料 P なし

BEST TIME TO VISIT
訪れたい季節

大晦日から元日の初詣、春を迎える節分(2月)、2年に1度神輿がくり出す山王祭(6月中旬)、雅楽・巫女舞などを奏でる中秋管絃祭(10月)など、古式ゆかしい年中行事が目白押。催しのない時期に静かに神社内を巡るのも一興。

港区 MAP P.189 D-2

増上寺
ぞうじょうじ

東京タワーを背に、過去と現在を結ぶ徳川家ゆかりの寺院

注目ポイント

東京タワー
大殿の正面に立つと、バックに東京タワーの雄姿が控える。歴史ある寺院と現代建築の圧巻のコントラスト

寺社、美の巡礼

法然を宗祖とする浄土宗の七大本山のひとつ。開山は明徳4年(1393)。増上寺が浄土宗の東の要として発展するのは、徳川家康が徳川家の菩提寺に選定してから。慶長3年(1598)に今の土地に移転。幕府成立後はさらに家康の庇護を受け、寺院の威光は増した。ここの墓所には2代将軍秀忠など6人の将軍が眠る。本堂は明治の大火と東京大空襲で炎上したが、三解脱門(三門)は国の重要文化財として、当時の威容を誇る。また、家康が深く信仰した阿弥陀如来像が、勝運を招く黒本尊として祀られている。

ACCESS
アクセス

JR東京駅
↓ JR京浜東北線で6分
JR浜松町駅
浜松町駅から徒歩10分。

INFORMATION
問い合わせ先

☎ 03-3432-1431

※2032年まで、三解脱門が工事中。それに伴っていくつかの範囲が通行止めになるため事前に、要確認。

DATA
観光データ

所 港区芝公園4-7-35 開休料 参拝自由 P なし

BEST TIME TO VISIT
訪れたい季節

3月下旬～4月上旬にかけて満開の桜が咲き香る。ソメイヨシノに交じって、時折しだれ桜も競い咲く、鐘楼堂、水盤舎、聖観世音菩薩、徳川将軍墓所など、広い境内のいたるところで桜がもてなしてくれる。

世田谷区 MAP P.185 E-2

豪徳寺
ごうとくじ

1万を超える招き猫に ご利益パワーがみなぎる

注目ポイント

招き猫
招福殿の前に参詣者が奉納した大小さまざまの大きさの「招福猫児(まねきねこ)」がズラリと並ぶ姿は圧巻

豪徳寺の縁起は寛永10年(1633)、世田谷が彦根藩の所領地となり、文明12年(1480)建立の弘徳院を井伊家の江戸の菩提寺としたことに遡る。そのため境内には国史跡指定の井伊家の墓所があり、幕末の大老・直弼、中興の開基・直孝などの墓がある。また世田谷区指定有形文化財の仏殿や梵鐘のほか、開祖堂、地蔵堂、法堂、三重塔などが建つ。なお、招き猫発祥の地ともいわれる豪徳寺には、鷹狩の帰り、門前にいた猫が直孝を堂内に招き入れ、雷雨から護ったという逸話をもとに建てられた招福殿がある。

ACCESS
アクセス

新宿駅
↓ 小田急線で16分
豪徳寺駅

豪徳寺駅から徒歩10分。または東急世田谷線宮の坂駅から徒歩5分。

INFORMATION
問い合わせ先

☎ 03-3426-1437

DATA
観光データ

所 世田谷区豪徳寺2-24-7 開 6:00〜18:00(9〜3月は〜17:00) 休 無休 料 無料 P なし

BEST TIME TO VISIT
訪れたい季節

モミジやイチョウが色づく紅葉のベストシーズンは11月中旬〜12月上旬。東京ドームより広い約5万㎡の境内を散策し、秋色に染まる三門、三重塔、仏殿、招福殿などをバックに記念撮影をしている外国人観光客の姿も目にとまる。

150

台東区 MAP P.187 D-2

寛永寺
かんえいじ

極楽浄土を思わせる池一面の蓮の海

注目ポイント
不忍池辯天堂
不忍池を琵琶湖に見立て、中の島に弁才天を祀った。第二次大戦の空襲で焼失したが昭和33年（1958）に再建された

寺社、美の巡礼

京都御所を守護する比叡山にならい、江戸城の鬼門（東北）に創建された。山号は寛永年間に建てられた東の比叡山を意味する「東叡山寛永寺」。遺言に従い徳川家光の葬儀は寛永寺でとり行われ、以降、増上寺と並ぶ徳川将軍家の菩提寺の役割を担った。第二次大戦の戦火を逃れた清水観音堂、輪王寺門跡御本坊表門、徳川将軍霊廟勅額門は国の重要文化財に指定されている。明治維新後に没収された境内の広い土地の一部は、現在、上野恩賜公園、東京国立博物館など、上野に欠かせない憩いの場に変貌している。

ACCESS
アクセス

東京駅
↓ JR山手線で8分
上野駅

不忍池辯天堂までは上野駅から徒歩5分。また、本堂までは上野駅から徒歩15～20分。

INFORMATION
問い合わせ先
📞 03-3821-4638

DATA
観光データ

所 台東区上野公園2-1 開 9:00～17:00 休 無休 料 無料 P なし

BEST TIME TO VISIT
訪れたい季節

かつて寛永寺に属した上野恩賜公園と併せて訪れたい。4月の桜、7～8月の不忍池に開花する蓮の花が、由緒ある寺院にいっそうの風雅をもたらす。2月の節分、7月の灯籠流し、9月の人形供養祭など伝統行事も興味深い。

151

COLUMN 江戸から受け継がれる祭り

華の「江戸三大祭り」

祭り好きだった江戸っ子たちが、庶民文化のなかで生み出した華やかな祭りの数々。時を経て洗練され、現在も人々の心に息づいている。

京都の祇園祭、大阪の天神祭に並び称される日本三大祭のひとつでもある

華やかな山車や神輿は必見 江戸の粋を受け継ぐ祭礼

神田祭
かんだまつり

江戸総鎮守「神田明神」の祭礼で、西暦の奇数年に本祭、偶数年に蔭祭が行われ、一般に神田祭といえば賑やかな本祭を指す。豪華な大行列が街を巡る「神幸祭」、大小200を超える神輿が神田明神に向かって進む「神輿宮入」などが見どころ。

神田明神（神田神社）
かんだみょうじん（かんだじんじゃ）
千代田区 MAP P.187 D-3

☎03-3254-0753 交各線・御茶ノ水駅から徒歩5分 所千代田区外神田2-16-2 時休料参拝自由（お守りの授与9:00〜16:30、ご祈祷9:00〜16:00） Pあり

賑やかなかけ声とともに水しぶきが激しく飛びちる

深川八幡祭り
ふかがわはちまんまつり

八幡大神を崇敬した徳川将軍家の庇護のもと、「江戸最大の八幡さま」として信仰を集めてきた。観客が神輿の担ぎ手にお清めの水を勢いよく浴びせることから、「水掛け祭」とも呼ばれる。特に53基の町神輿が連合渡御する3年に一度の本祭りは迫力満点。

江戸時代にタイムスリップしたかのような壮大な王朝絵巻

山王祭
さんのうさい

江戸城内に祭礼行列が入り、将軍が上覧拝礼したことから「天下祭り」としても知られる。現在では鳳輦や宮神輿、山車などを古式装束をまとった奉仕者が、300mほどの大行列となり氏子各町を練り歩く。

日枝神社
ひえじんじゃ
千代田区 MAP P.189 D-1
→P.148

富岡八幡宮
とみおかはちまんぐう
江東区 MAP P.185 F-2

☎03-3642-1315 交地下鉄・門前仲町駅から徒歩3分 所江東区富岡1-20-3 時9:00〜16:00 休無休 料無料 Pあり

152

江戸情緒香る
庭園の粋

橋の上から池泉を眺め、松や石組みを愛でる。庭内を回遊すると、次々と佳景が現れる。時代を超えて浮かび上がる江戸の美意識、大名の誇りに思いを馳せる。

中央区 MAP P.189 E-2

浜離宮恩賜庭園
はまりきゅうおんしていえん

潮の干満で趣を変える池が残る
都内最大の池泉回遊式庭園

ビューポイント

中島の御茶屋

潮入の池のほとりに建つかつての将軍の休憩所。青い空に庭園の緑、高層ビル群が水面に映えて美しい

江戸情緒香る庭園の粋

東京湾から海水を引き込む潮入の池。将軍が鴨猟をした鴨場などが今も残る由緒ある庭園。現代の高層ビル群との対比も見応えがある

> かつて徳川家代々の将軍や公家たちに愛された庭園。海につながる潮入の池を中心に、江戸時代を彷彿させる都心のオアシスだ。春には梅や桜、秋には紅葉が楽しめる。

江戸時代初期、甲府藩下屋敷の庭として造られ、のちに「浜御殿」と呼ばれるようになり、以後将軍家の別邸として利用された。東京湾に面しており、園内には東京湾の海水を引き込んだ潮入の池があり、干満によって水位が上下することで池の景色が変化する。現在都内で潮入の池が残るのは、ここ浜離宮恩賜庭園のみ。今も都心のオアシスとして多くの人々に愛され、芝生や花畑なども多く、季節ごとの花や緑が目を楽しませてくれる。広々として開放感にあふれる名園だ。

広いお花畑は高層ビル群を背景に春は菜の花、秋にはキバナコスモスが咲き乱れる

対岸から中島に向かう総ヒノキ造りの橋。春には藤棚の藤が咲く

林立する汐留周辺のビル群が借景になっている。東京都心ならではの風景だ

ACCESS
アクセス

東京駅
↓ JR山手線で4分
新橋駅
新橋駅から徒歩12分。

INFORMATION
問い合わせ先
☎ 03-3541-0200

DATA
観光データ
所 中央区浜離宮庭園1-1 開 9:00～17:00 休 無休 料 300円 P あり

BEST TIME TO VISIT
訪れたい季節

潮入の池の東側にはサトザクラが多く、見頃は4月中旬～下旬。お花畑では、早春は菜の花、秋にはキバナコスモスが咲き乱れる。このほか早春には梅、初夏にはツツジや藤が美しい。落葉樹も多く秋の紅葉は見応えがある。

156

TRAVEL PLAN

都営三田線の芝公園駅から山手線の浜松町駅近辺には都心のオアシススポットが点在する。江戸と現代、異なる時代の面影が交錯する興味深いエリアだ。

東京タワーの眺めが素晴らしい

COURSE

11:30	芝公園駅
↓	徒歩7分
11:40	芝公園
↓	徒歩3分
12:00	東京プリンスホテル
↓	徒歩22分
13:00	ウォーターズ竹芝
↓	徒歩6分
13:40	旧芝離宮恩賜庭園
↓	徒歩24分
14:20	浜離宮恩賜庭園
↓	徒歩18分
16:00	浜松町駅

歴史が詰まったクラシカルなホテル
東京プリンスホテル
とうきょうプリンスホテル
MAP P.156- 2

東京タワーを間近に臨む老舗ホテル。景色の素晴らしいテラスレストランは宿泊者以外も利用できる。☎03-3432-1111 ✈地下鉄・御成門駅から徒歩1分 所港区芝公園3-3-1 営IN15:00／OUT11:00 休無休 Pあり

緑豊かな都市公園　東京タワーがすぐ近く
芝公園
しばこうえん
MAP P.156- 1

もとは芝増上寺の境内にあり日本最古の公園のひとつ。緑が豊かで散策も楽しい。☎080-9811-1659 ✈地下鉄・芝公園駅から徒歩3分 所港区芝公園4-8-4 休無休 料入場自由 Pなし

手に届きそうなほど近くに東京タワーを臨む

水の都・東京の新たな魅力を発信
ウォーターズ竹芝
ウォーターズたけしば
MAP P.156- 3

浜松町駅北口から徒歩6分にある劇場、ホテル、オフィス、店舗の複合施設。東京の水辺の新たな魅力が楽しめる。☎なし ✈JR浜松町駅から徒歩6分 所港区海岸1-10-30 休店舗により異なる Pあり

現代の東京に残る江戸の庭園
旧芝離宮恩賜庭園
きゅうしばりきゅうおんしていえん
MAP P.156- 4

江戸時代初期の池泉回遊式大名庭園。四季を通じて多くの花が咲く。JR浜松町駅はお隣の近さ。☎03-3434-4029 ✈各線・浜松町駅から徒歩1分 所港区海岸1-4-1 営9:00〜17:00（入園は〜16:30）休無休 料150円 Pなし

高層ビルを背景に咲く満開の美しい桜

ウォーターフロントにある大型複合施設

浜離宮恩賜庭園
はまのりきゅうおんしていえん

高層ビル群を背景に、花畑の色もいっそう華やかに映える

池を中心に築山や石組みが景観を形づくる

江戸情緒香る庭園の粋

文京区 MAP P.186 C-1

六義園
りくぎえん

和歌の世界を映し出す名勝の数々に
詩情、風情があふれる

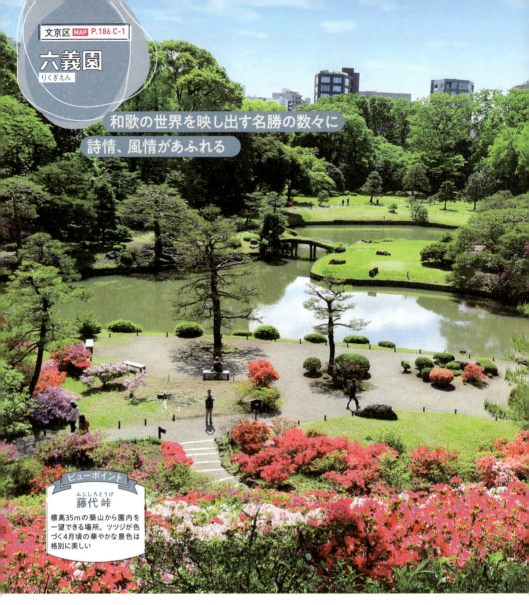

ビューポイント
藤代峠
ふじしろとうげ

標高35mの築山から園内を一望できる場所。ツツジが色づく4月頃の華やかな景色は格別に美しい

戦火をまぬがれた明治の貴重な建築

つつじ茶屋
つつじちゃや

MAP P.158-1

園の北側にある、ツツジの古木を用いて建てられたあずま屋。明治時代に六義園を買い取った岩崎彌太郎が造らせたものがそのまま残る、貴重な建築物でもある。モミジに囲まれてたたずむ姿は、紅葉の季節にいっそう風情が感じられる絶景スポットだ。 見学自由

> 駒込の地に300年の歴史を刻む広大な大名庭園では、和歌の世界を映し出す優美な景色が繰り広げられる。

元禄8年(1695)に、徳川綱吉の重臣・柳澤吉保が7年の歳月をかけ自ら作庭した回遊式築山泉水庭園。中国古代詩の表現・内容の分類法である「六義」を『古今和歌集』の選者・紀貫之が転用した「六体」を取り入れて庭園が構成されている。随所に紀州和歌の浦の景勝と歌に詠まれた八十八景が表現されるなど、吉保の文学的造詣の深さが感じられる優美さが何より見どころ。明治時代に三菱財閥の初代総帥・岩崎彌太郎の所有となり、昭和13年(1938)に東京市に寄付された。

ACCESS アクセス
新宿駅 ↓ JR山手線で15分 駒込駅
各線駒込駅から徒歩7分。または地下鉄・千石駅から徒歩10分。

INFORMATION 問い合わせ先
☎03-3941-2222

DATA 観光データ
所 文京区本駒込6-16-3 開 9:00～17:00 休 無休 料 300円 P なし

BEST TIME TO VISIT 訪れたい季節
園のシンボルでもあるしだれ桜の大木は3月半ば頃から4月上旬が見頃に。また、紅葉やドウダンツツジなど約560本もの木々が色づく紅葉の見頃は11月下旬〜12月上旬。いずれも見頃に合わせて夜間特別観賞が行われる。

江戸情緒香る庭園の粋

「和歌の浦に月の出汐のさすままに」からとった、河口の湊を模して造られた出汐湊

中の島のある大泉水の散策路を歩いたあとは、小高い築山にある藤代峠から名勝八十八景を存分に眺めたい

「和歌の浦芦辺の田鶴の鳴声に夜わたる月の影そさひしき」より名付けられた渡月橋

アジア世界の豊かさが光る美しい展示が評判

東洋文学に特化した書物を所蔵し、100年の歴史を持つ「東洋文庫」に併設されたミュージアム。約100万冊の蔵書のなかから国宝や貴重書、絵画などを中心に年に数回の企画展を開催。その建物や展示の美しさにも定評がある。2026年1月中旬までリニューアルにより施設工事中。

東洋文庫ミュージアム
とうようぶんこミュージアム

MAP P.158-[2]

☎03-3942-0280
交 JR／地下鉄・駒込駅から徒歩約8分 所 文京区本駒込2-28-21 開 10:00～17:00(入館は～16:30) 休 火曜(祝日の場合は翌平日) P なし

日本一美しい本棚と称される「モリソン書庫」

新宿区 MAP P.186 A-4

新宿御苑
しんじゅくぎょえん

和洋の表情を見せながら
世界を魅了する都心のオアシス

新高層ビル群を背景に広がる近代西洋庭園の名園。西洋と日本の様式を巧みに取り入れた変化に富んだ風景と、大切に守られてきた植物の多様性に多くの人が魅せられる。

周囲3.5km、面積58.3haもの敷地に、一般入場できる3つの門を持つ国民公園。徳川家家臣・内藤家の江戸屋敷地に始まり、明治時代には牧畜園芸の開発のために設けられた内藤新宿試験場を経て植物御苑となり、明治39年（1906）に庭園として大改造された歴史を持つ。近代西洋庭園から日本庭園へと風景が移る変化の愉しさも醍醐味で、希少品種の桜をはじめとする珍しい植物や古木、巨樹、約1000種の植物が見られる温室も見どころ。2022年には新宿御苑の歴史がわかるミュージアムも誕生した。

広々とした芝生の風景式庭園には高さ30mを超えるシンボルツリー、ユリノキがそびえ立つ

ACCESS
アクセス

新宿駅

地下鉄・新宿御苑駅から徒歩5分。新宿駅から徒歩10分。

INFORMATION
問い合わせ先

☎ 03-3350-0151

DATA
観光データ

所 新宿区内藤町11 休 公式HPを要確認 料 500円 P あり

BEST TIME TO VISIT
訪れたい季節

園内には約70品種約900本の桜があり、1月の寒桜から4月の八重桜まで桜を楽しめる。秋は日本庭園の紅葉のほか、整形式庭園のプラタナス並木も見どころ。11月1～15日には皇室ゆかりの菊花壇展も開催される。

約100種500株のバラが咲くバラ園を中心とした左右対称美が見どころの整形式庭園

かつて皇室の鴨池があった日本庭園。明るく開けた印象の回遊式庭園だ

注目ポイント
玉藻池

大木戸門を入った突き当たりにある玉藻池を中心に、かつての内藤家の庭園『玉川園』の一部である日本庭園がある

玉藻池の周辺には深い緑に包まれ、ゆるやかな起伏のある地形を回遊して楽しめる日本庭園がある

江戸情緒香る庭園の粋

訪れる者を詩人にさせる並木道

プラタナス並木
プラタナスなみき
MAP P.161

整形式庭園のバラ園の両側に200mにわたり4列の並木が続く御苑の名所のひとつ。樹齢100年を超える140本ものプラタナスの大木は、夏には来園者に木陰を提供し、秋には風に舞う褐色の落ち葉がロマンティックな雰囲気を醸し出す。

休 見学自由

文京区 MAP P.186 C-3

小石川後楽園
こいしかわこうらくえん

琵琶湖に見立てて描かれた広大な池と中国趣味が溶け合う

園の中央にある大泉水は琵琶湖に見立てた、庭園の中心となる池。かつては神田上水から水を引いていた

庭園のなかでも目を引く「一つ松」。徳川光圀が大切にしたとされる逸話が残る

松の枝ぶりと雪吊りとが景観に引き締まった味わいを与えている小石川後楽園の冬景色

大名庭園の先駆けとなった庭園。さまざまな景勝を取り入れた表情豊かな景色は今も来訪者を喜ばせる。

水戸・徳川家初代頼房が江戸上屋敷の庭園として着工し、2代光圀の代で完成。当時の小石川地域にあった沼や丘を生かし、神田上水を引き入れ、当代随一の大名庭園として名を馳せた。明の儒学者の意見を取り入れ、橋を、その水面に映る姿と合わせて満月に例えた円月橋や西湖の堤など中国風の景観を演出。これに京都の嵐山を模した大堰川と渡月橋、白糸の滝、稲田や八つ橋の田園風景、刈り込んだ笹で覆った築山など日本の景観も随所に取り入れて作庭。池を「海」に、周囲に「山」「川」「田園」を配した風雅な回遊式築山泉水庭園である。

注目ポイント
大泉水
しだれ桜や紅葉林などに囲まれる池。蓬莱島を配した泉水の形は将軍徳川家光の意向によるものとされる

ACCESS
アクセス

東京駅
↓ JR中央線で4分
御茶ノ水駅
↓ JR総武線で2分
水道橋駅

水道橋駅から徒歩5分。

INFORMATION
問い合わせ先
☎ 03-3811-3015

DATA
観光データ

所 文京区後楽1-6-6 開 9:00〜17:00(入園は〜16:30) 休 無休 料 300円 P なし

BEST TIME TO VISIT
訪れたい季節

鬱蒼とした林の中を木曽路に見立てた石畳の小径が続き、中央の大泉水へと誘う。この静寂な景観は季節を問わず楽しめる。特に梅林、春の桜、夏の花菖蒲、ハス、スイレン、秋の紅葉の時期がおすすめ。

濃い緑に囲まれ、苔むした石が風情をたたえる円月橋は園の人気スポットのひとつだ

江戸情緒香る庭園の粋

国分寺市 MAP P.185 D-2
殿ヶ谷戸庭園
とのがやとていえん

回遊式庭園に見られる湧水と植生の巧みな融合

注目ポイント
次郎弁天池
武蔵野の河岸段丘を通ってできた湧き水の池。周囲にはイロハモミジが茂り、晩秋は水面に草木が映える

色づく紅葉を眼下に見下ろす茶室

紅葉亭
こうようてい
MAP P.164- 1

数寄屋造り風の茶室。次郎弁天池と、池にかかるイロハモミジの紅葉を見下ろし、高低差のある殿ヶ谷戸庭園ならではの景色を堪能できる。句会や茶会を開く際に利用を申請することができる(6カ月以上前から要予約・有料)。開休見学不可

> 武蔵野の地形と湧水を利用した和洋折衷の庭園。崖の上と下でがらりと変わる景観を散策したい。

のちに南満州鉄道の副総裁となり、貴族院議員だった江口定條が大正4年(1915)に建築・作庭した「隋宜園」(1万坪)を昭和4年(1929)に岩崎彦彌太が購入。屋敷は和洋折衷様式で建築され、広大な庭園も和と洋が見事に融合。伝統的な回遊式の日本庭園としての見どころは藤棚、数寄屋造りの建物など数多い。一方、段丘上は芝生がまぶしい洋風庭園が広がり、景色が大きく変わる。モウソウチクの竹林「竹の小径」や紫の可憐な小花が織りなす「萩のトンネル」など、散策が楽しいスポットも盛りだくさん。

ACCESS
アクセス

新宿駅
↓ JR中央線で20分
国分寺駅
国分寺駅から徒歩2分。

INFORMATION
問い合わせ先

☎ 042-324-7991

DATA
観光データ

所 国分寺市南町2-16 開 9:00〜17:00 (入園は〜16:30) 休 年末年始 料 150円 (65歳以上は70円) P なし

BEST TIME TO VISIT
訪れたい季節

棚作りの藤の花は4月下旬、「萩のトンネル」は9月中旬が見頃。11月下旬〜12月初めは紅葉亭から池と紅葉群の絶景が見渡せる。傾斜面を覆うアカマツやモウソウチクの竹林は季節を問わず和を演出。

9月中旬頃に開花時期を迎える萩のトンネル。紅葉の時期にはまた異なる風情を見せる

江戸情緒香る庭園の粋

園内の一角には竹林が生い茂り、風にゆれるモウソウチクの間を抜けて次郎弁天池に至る

次郎弁天池は武蔵野の豊かな湧水を水源として利用しており、「東京都名湧水57選」にも選ばれている

武蔵野の湧水を巡る

武蔵野・国分寺地域の崖線下には豊富な湧水が各所に見られ、殿ヶ谷戸庭園の水源にもなっている。古くから人々の暮らしを支えた湧水群は昭和60年(1985)、環境省に「名水百選」に選ばれた。お鷹の道 湧水園では池と散策路が整備されており、国分寺の名水に親しむことができる。

お鷹の道 湧水園
おたかのみち ゆうすいえん

MAP P.164-2

☎ 042-300-0073 (国分寺市ふるさと文化財課) 交 JR／西武・国分寺駅から徒歩20分 所 国分寺市西元町1-13-10 開 9:00〜17:00 (入園は〜16:45) 休 月曜 料 100円 P なし

湧水に沿って石畳の遊歩道が延びる

紅葉亭のすぐ隣に井戸水を利用したししおどしが設けられており、快いリズムを響かせる

墨田区 MAP P.187 F-2

向島百花園
むこうじまひゃっかえん

文人墨客が集った江戸の名所で秋を知らせるトンネルを抜ける

注目ポイント
萩のトンネル
紫の可憐な花をつける萩を竹の柵に沿わせた全長約30mのトンネル。秋の到来を告げる「萩まつり」も恒例

江戸の化政文化が花開く頃、骨董商の佐原鞠塢が交流のあった文人墨客の協力を得て、元旗本屋敷に造園。当初は360本の梅が主体だったが、のちに『万葉集』や『詩経』に詠まれた草花を植樹し、現在は約600種の草花・草木が咲き乱れる。早春の梅、秋の萩のほか、4月下旬には藤棚、8月には紫紅色のクズの棚など、各種棚も趣深い。また、芭蕉をはじめ点在する29の句碑を探して散策するのも一興だ。池越しに東京スカイツリー®を仰ぐフォトスポットも人気。徳川将軍や昭和天皇も訪れた名勝だ。

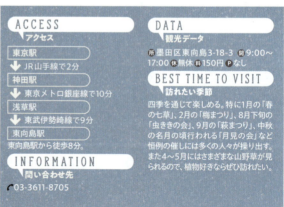

ACCESS
アクセス

東京駅
↓ JR山手線で2分
神田駅
↓ 東京メトロ銀座線で10分
浅草駅
↓ 東武伊勢崎線で9分
東向島駅
東向島駅から徒歩8分。

INFORMATION
問い合わせ先
☎03-3611-8705

DATA
観光データ
所 墨田区東向島3-18-3 開 9:00～17:00 休 無休 料 150円 P なし

BEST TIME TO VISIT
訪れたい季節

四季を通じて楽しめる。特に1月の「春の七草」、2月の「梅まつり」、8月下旬の「虫ききの会」、9月の「萩まつり」、中秋の名月の頃行われる「月見の会」など恒例の催しには多くの人々が繰り出す。また4～5月にはさまざまな山野草が見られるので、植物好きならぜひ訪れたい。

江東区 MAP P.187 E-4

清澄庭園
きよすみていえん

巧みに配された名石の贅沢
変化に富む池畔に心を洗われる

注目ポイント

涼亭

英国のキッチナー元帥を迎えるために建てられた。平成17年(2005)には都が選定歴史的建造物に選定

江戸情緒香る庭園の粋

大名庭園に原形をみる枯山水、泉水、築山を配した回遊式林泉庭園は、清澄庭園により完成をみたと言われている。かつてこの場所には江戸の豪商・紀伊國屋文左衛門の屋敷、下総国の関宿藩主久世大和守の下屋敷があった。明治11年(1878)、三菱の創設者の岩崎彌太郎が買い取り、造園工事に着手。庭園には隅田川の水を引き、全国から名石を取り寄せた。また関東大震災時には避難場所となり多数の人命を救ったが、同時に甚大な被害も受けた。翌年、被害の少ない東半分を東京市に寄贈。のちに東京都が名勝に指定。

ACCESS
アクセス

東京駅
↓ 東京メトロ丸の内線で2分
大手町駅
↓ 東京メトロ半蔵門線で7分
清澄白河駅

清澄白河駅から徒歩5分。

INFORMATION
問い合わせ先
☎03-3641-5892

DATA
観光データ

所 江東区清澄3-3-9 開 9:00〜17:00(入園は〜16:30) 休 無休 料 150円 P なし

BEST TIME TO VISIT
訪れたい季節

春は桜、初夏は花菖蒲。野鳥が舞い、四季折々の花々が咲き乱れる庭園は見どころ満載。特に11月中旬〜12月上旬は、モミジやイチョウなどの紅葉が見頃。泉水に映る赤や黄金色の風景はさながら一幅の絵画のよう。

167

COLUMN

建築と調和する優美な庭

緑豊かな絶景ホテル

周囲を高層ビルに囲まれた都心にありながらも、美しい庭を持つことで名高いホテルには、喧騒から離れた優雅な時間が流れる憩いのスポットだ。

400年余りの歴史を有する庭で都会の喧騒を離れる

ホテルニューオータニ(東京)
ホテルニューオータニ(とうきょう)

約4万㎡の広さがある池泉回遊式の庭園。元は肥後熊本藩初代藩主の加藤清正の下屋敷があった場所で、のちに井伊家の中屋敷になり、明治維新後、伏見宮邸になった。戦後、同宮家が皇籍離脱したのを機にホテルニューオータニの創業者・大谷米太郎が購入した。注目したいのは3～5tの石82個と玉石5tで造られた大滝だ。その光景は大都会のなかのオアシスといえる清涼感に満ちている。

千代田区 MAP P.168 B-4

☎03-3265-1111 ✈地下鉄・赤坂見附駅／永田町駅から徒歩3分 ⌂千代田区紀尾井町4-1 ⏰庭園6:00～22:00 休無休 ¥無料 Pあり

落差が6mもある大滝は、大都会にいることを忘れさせてくれる迫力

周囲の緑に朱色が映える太鼓橋は撮影にも人気のスポット

ロビーラウンジからのぞく四季折々のパノラマが憩いの空間を彩る

シェラトン都ホテル東京
シェラトンみやこホテルとうきょう

都心にありながら、約1800坪の白金の杜にイチョウやカエデが生い茂る。実業家・藤山雷太の邸宅に設けられた庭園が前身で、庭園内を散策しながら景色の変化を楽しめる。

港区 MAP P.188 C-3

☎0120-95-6663 ✈地下鉄・白金台駅から徒歩4分 ⌂港区白金台1-1-50 ⏰ラウンジ10:00～19:00(LO18:30)金・土曜は～21:30(LO21:00)※月曜が祝日の場合、日曜は～21:30(LO21:00) 休無休 Pあり

ロビーラウンジ「バンブー」から風趣豊かな日本庭園を望む

168

水辺に映える 橋の造形美

かつて「水の都」と称されるほど河川・水運に恵まれた都市には美しい橋が多い。過去と未来を結ぶように延びる造形に変貌を続ける街で変わらぬ美意識を見る。

港区 MAP P.189 E-3

レインボーブリッジ

紺碧の東京港に延びる
　　白い輝きを帯びたシルエット

つなぐ場所
芝浦〜臨海副都心
平成5年(1993)臨海副都心と都心をつなぐ幹線として整備され、東京のランドマークとしても人気が高い

水辺に映える橋の造形美

長さ約800mで都内最大級の橋。白くのびやかな姿がとても美しい。遊歩道からはお台場や東京タワーも見え、日没後約30分後、ライトアップされる

> レインボーブリッジにはレインボープロムナードと呼ばれる遊歩道が併設され、東京港を徒歩で渡れる。日没後約30分後には444個のライトが橋を点灯、美しく照らし出す。

芝浦と臨海副都心を結び、東京港を横断する吊り橋。首都高速が走る下を「ゆりかもめ」と一般道路が通る。首都高速を見上げる位置には遊歩道があり、南北どちらからも徒歩で渡ることができる。東京港を走る真っ白な橋の姿は秀麗だ。また夜には白色の主塔と時間によって変化するケーブルイルミネーションが、東京港を美しく彩る。3色に変化するイルミネーションは世界初。季節や曜日、記念日によってさまざまに変化し、多くの人々を楽しませている。

ライトアップされ、闇に浮かぶレインボーブリッジ。昼とはまったく異なる顔を見せる

夏(4〜10月)は主塔が白色、冬(11〜3月)は温白色に彩られる

遊歩道の通行は夏(4〜10月)は9〜21時(入場は30分前まで)、冬(11〜3月)は10〜18時。無料

ACCESS
アクセス

東京駅
↓ JR山手線で4分
新橋駅
↓ ゆりかもめで7分
芝浦ふ頭駅

芝浦ふ頭駅から遊歩道まで徒歩5分。

INFORMATION
問い合わせ先

☎ 03-5463-0223

DATA
観光データ

所 港区海岸3〜港区台場1　開休 見学自由　P なし

BEST TIME TO VISIT
訪れたい季節

年末年始に行われるイルミネーションイベントや、「お台場レインボー花火」の時季はレインボーブリッジが最も映える。東京湾の夜を美しく彩る花火とともに、ライトアップされた幻想的な姿を堪能したい。

TRAVEL PLAN

ゆりかもめ「市場前駅」から豊洲エリアを散策。お台場海浜公園から遊歩道に入り、レインボーブリッジを渡りながら臨海副都心を眺め芝浦ふ頭駅へ。

COURSE

12:30	市場前駅
↓	徒歩5分
12:35	東京豊洲万葉倶楽部
↓	徒歩13分
14:30	豊洲ぐるり公園
↓	徒歩15分
15:20	富士見橋
↓	徒歩29分
16:00	お台場海浜公園
↓	徒歩1分
17:30	レインボーブリッジ
↓	徒歩35分
19:00	芝浦ふ頭駅

東京豊洲万葉倶楽部
とうきょうとよすまんようくらぶ
MAP P.172-①

宿泊のできる日帰り天然温泉。箱根・湯河原温泉の源泉から運んだお湯でいろいろな楽しみ方ができる。
☎03-3532-4126 交ゆりかもめ・市場前駅からすぐ 住江東区豊洲6-5-1 営入場自由 料3850円(+入浴税150円) Pあり

手ぶらで楽しむ豊洲の温泉時間

東京湾の絶景を楽しみながら旅行気分で快適に

BBQ広場ではバーベキューOK(事前予約制)

豊洲ぐるり公園
とよすぐるりこうえん
MAP P.172-②

豊洲ふ頭の外周をぐるりと囲う、全長4.5kmの公園。東京湾に囲まれた埋め立て地で、バーベキュー広場やランニングコースもあり、青い海と空、フレッシュな緑を楽しめる。☎03-3520-8819 交ゆりかもめ・市場前駅から徒歩10分 住江東区豊洲5〜6-1先 開休料見学自由 Pあり

晴海運河を臨む豊洲の憩いの広場

目の前に晴海運河が広がり高層ビル群を望む

パリにある自由の女神像のレプリカが立つ

大パノラマで景色を楽しむことができる

富士見橋
ふじみばし
MAP P.172-③

橋の上からは西側にレインボーブリッジを、東側には開発の目覚ましい有明エリアを眺めることができる。 ☎なし 交ゆりかもめ・市場前駅から徒歩13分 住江東区豊洲〜有明 開休料通行自由 Pなし

東京湾に面した開放的な遊歩道のある橋

お台場海浜公園
おだいばかいひんこうえん
MAP P.172-④

東京湾の絶景ポイントのひとつ。特に展望デッキからの眺望は素晴らしく、レインボーブリッジや東京タワー、自由の女神像などが一望できる。☎03-5531-0852 交ゆりかもめ・お台場海浜公園駅から徒歩3分 住港区台場1-4 開休料見学自由 Pあり

神津島の砂を敷き詰めたまばゆいウォーターフロント

レインボーブリッジも見えるお台場ビーチ

レインボーブリッジ

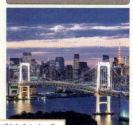

ライトアップされたレインボーブリッジがより魅力的に

水辺に映える橋の造形美

中央区 MAP P.189 D-4

日本橋
にほんばし

東京の繁栄とともに400年
20代目のアーチ橋が未来を見守る

つなぐ場所
日本橋川両岸
慶長8年(1603)、幕府が新たに町割を行った際に架けられて以来、道・商・文化の中心地として歴史を歩んできた橋

水辺に映える橋の造形美

昭和39年(1964)のオリンピック開催時から日本橋を覆っていた首都高速を地下に移設する事業が、2024年に本格スタート。新たな姿が待ち遠しい

> 江戸幕府のお膝元で、人と物が集まる日本の中心地として発展し、明治の近代化でさらに磨きがかかった一大商業都市。そんな往時の姿を蘇らせる新たな開発計画が現在進行中。

慶長9年(1604)、江戸幕府開府の翌年に江戸と各地を結ぶ五街道の起点に定められた日本橋。物流と金融、町民文化が花開いた都市として江戸から昭和にかけて華やかに発展した歴史を持つ。2000年代に入り、かつての活気を取り戻すべく、「残しながら、蘇らせながら、創っていく」をコンセプトに複合ビルが誕生し、船着場が建設されるなど日本橋文化の再生計画が進んでいる。将来的には橋の上の高速道路を地下に移設し、周辺およそ2万坪に及ぶエリアに親水空間が誕生する計画だ。

かつての日本橋の姿
江戸の太鼓橋から近代化とともに姿を変えた

江戸時代には浮世絵や錦絵に登場する太鼓橋が架かり、川沿いには魚河岸や倉庫が並んでいた。明治初期には馬車や人力車に対応する平らな木橋に架け替えられ、車道と歩道も分けられた。焼失や損壊を繰り返し、現在の石造りアーチの橋は、20代目(19代目説もあり)として、明治44年(1911)に架け替えられた。

1

2

写真提供：国立国会図書館

1 かつて五街道の起点であった日本橋。現在も7本の国道の起点として「日本国道路元標」が橋の中央に埋め込まれている。橋の北側の元標の広場に複製がある
2 建築家・妻木頼黄のデザインによって明治44年(1911)に作られた和洋折衷の石造二重アーチ橋。当時は空が抜け、柱の重厚な装飾が存在感を放っていた

ACCESS
アクセス
- 東京駅
- ↓ 東京メトロ丸ノ内線で1分
- 大手町駅
- ↓ 東京メトロ半蔵門線で2分
- 三越前駅

三越前駅から徒歩1分。

INFORMATION
問い合わせ先
東京都交通局 ☎03-3272-2409

DATA
観光データ
所 中央区日本橋1-3　開 休 見学自由
P なし

BEST TIME TO VISIT
訪れたい季節
日本橋から八重洲方面にかけ、桜並木が美しく続き、3月下旬から4月上旬は通りが華やかになる。夏には日本橋の下に設けられた船着場からクルーズ船が発着。特に橋がライトアップされる夜は、夏の涼を楽しむことができる。

TRAVEL PLAN

日本橋界隈には、江戸創業の老舗百貨店をはじめ、明治時代の建造物などかつての面影を残す見どころが満載。その発展の歴史を垣間見てみよう。

福徳神社
ふくとくじんじゃ

日本橋の地に蘇った稲荷

MAP P.176- 1

江戸開府以前より一帯の福徳村に鎮座した神社。近隣を遷座していたが平成26年(2014年)、社殿が再建された。📞03-3276-3550 🚇各線三越前駅から徒歩1分 🏠中央区日本橋室町2-4-14 🕐拝観自由 🅿なし

COURSE

11:45	三越前駅
↓	徒歩すぐ
11:45	福徳神社
↓	徒歩3分
12:20	三井記念美術館
↓	徒歩5分
13:30	日本銀行 本館
↓	徒歩4分
14:45	常盤橋
↓	徒歩12分
15:30	日本橋
↓	徒歩7分
16:00	三越駅前

日本橋の憩いの場・福徳の森に囲まれ建つ社殿

三井記念美術館
みついきねんびじゅつかん

日本有数の文化遺産を収蔵

MAP P.176- 2

三井家が約350年の歴史のなかで収集した美術工芸品約4,000点、切手類約13万点を所蔵。三井本館の重厚な内装も必見。📞050-5541-8600 🚇地下鉄・三越前駅から徒歩1分 🏠中央区日本橋室町2-1-1 7階 🕐10:00〜17:00(入館は〜16:30) ❌月曜 💴館蔵品1200円、特別展は別料金 🅿なし

明治29年(1896)竣工の本館は重要文化財に指定

重要文化財に指定されている三井本館

常盤橋
ときわばし

石貼2連アーチの優美な姿

MAP P.176- 4

日本橋川に架かる洋風の橋。明治10年(1977)に架けられたとされる貴重な橋で、文明開化期の日本を象徴する史跡のひとつ。📞なし 🚇地下鉄・三越前駅からすぐ 🏠千代田区大手町 🕐見学自由 🅿あり

石材に江戸城小石川門の石垣が再利用されている

日本銀行 本館
にっぽんぎんこう ほんかん

江戸の金融の中心「金座」跡に建つ

MAP P.176- 3

日本の中央銀行。日本人建築家による最初の国家的近代建築。予約制で、内部の見学が可能。📞03-3277-2815 🚇各線三越前駅から徒歩5分 🏠中央区日本橋本石町2-1-1 🕐公式HPを要確認(見学はWEBによる事前予約制) 🅿なし

日本橋
にほんばし

江戸幕府が定めた五街道の起点のひとつ。物流の中心地

水辺に映える橋の造形美

江東区 MAP P.185 F-3

東京ゲートブリッジ
とうきょうゲートブリッジ

恐竜が向かい合うような造形が黄昏どきに引き立つ

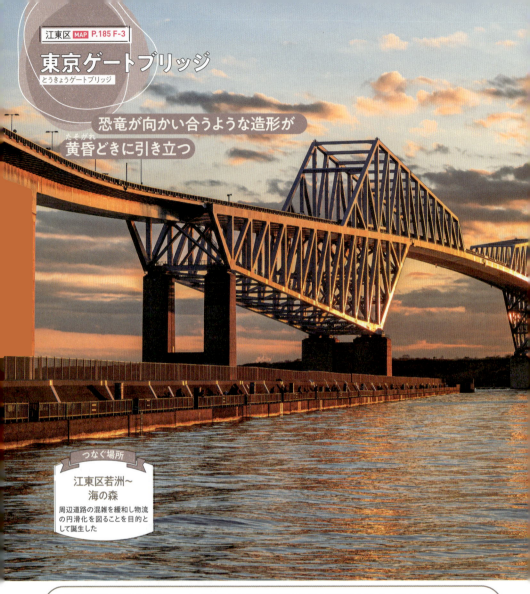

つなぐ場所
江東区若洲〜海の森
周辺道路の混雑を緩和し物流の円滑化を図ることを目的として誕生した

東京港第三航路を横断し、中央防波堤外側埋立地と江東区若洲を結ぶ。橋上を徒歩で渡れる東京湾の絶景スポット。遮るもののない大空から晴れていれば富士山まで一望できる。

全長は2618m。恐竜が向かい合っているようなユニークな姿から、当時の新聞には「恐竜橋」として紹介されている。近くに羽田空港があり高さ制限があること、橋の下を大型船舶が通り橋桁の高さを確保する必要があることから、三角形を基本に部材を組み合わせたトラス構造が採用された。シルエットが美しいことはもちろんだが、東京ベイエリアの絶景スポットとしても知られる。海辺の景観はもとよりディズニーリゾートや、晴れていれば富士山の秀麗な姿を眺めることもできる。夜景も美しい。

歩道が設置されているのは橋の北側(都心側)のみ。自転車や原付きバイクの通行不可

平成24年(2012)2月開通。日没から午前0時まで毎日ライトアップされ、印象的なトラス構造が夜のなかに浮き上がる

ACCESS
アクセス

東京駅
↓ JR京葉線で9分
新木場駅

新木場駅から都バスで15分、若洲キャンプ場前下車、徒歩すぐ。

INFORMATION
問い合わせ先

☎ 03-5463-0224

DATA
観光データ

所 江東区若洲 料 見学自由 P なし

BEST TIME TO VISIT
訪れたい季節

7〜9月の金・土曜は10:00〜20:00に遊歩道が無料で開放される(最終入場は19:30)。ふだんとは違った東京湾の魅力的な表情を見ることができるはず。夜風に吹かれながらダイナミックな夜景を楽しもう。なお、歩道開放時間の変更が検討されているため、要確認。

水辺に映える橋の造形美

世界にも例を見ないデザインの長大橋。刻一刻と変化する橋の景観を楽しもう

周辺のスポット

滝の裏を通り
熱帯植物園を探検

大温室には滝の音が響きまるで熱帯のジャングル

夢の島熱帯植物館
ゆめのしまねったいしょくぶつかん

MAP P.179

ドーム型の3つの大温室を中心に庭園、体験学習施設からなる植物館。☎03-3522-0283 各線・新木場駅から徒歩15分 所 江東区夢の島2-1-2 9:30〜17:00(入館は〜16:00) 休 月曜(祝日の場合は翌日)、年末年始 料 250円 P あり

179

千代田区 MAP P.187 D-3

聖橋
ひじりばし

**神田川を跨ぐ立体的な橋脚美
映画のロケ地としても話題に**

つなぐ場所
神田川両岸
橋の北側は文京区湯島1丁目。南側は千代田区駿河台4丁目で、この間を結ぶ本郷通りに架かる

関東大震災後の昭和2年(1927)に完成した聖橋は、約1世紀にわたって東京の復興から近代化への歩みをじっと眺めてきた。鉄筋コンクリート製のアーチ橋の全長は79.3m。うち神田川の真上に架かる36.3mがきれいな弧を描く。北岸には徳川綱吉が孔子廟として建てた湯島聖堂が、南にはビザンチン様式のニコライ堂が控える。橋の名を一般公募したときは、2つの聖堂にヒントを得て聖橋の名を挙げた公募者が95人にも上った。

ACCESS
アクセス
東京駅
↓ JR中央線で4分
御茶ノ水駅
御茶ノ水駅からすぐ。

INFORMATION
問い合わせ先
03-5211-4184

DATA
観光データ
所 千代田区神田駿河台4 開休料 見学自由 P なし

BEST TIME TO VISIT
訪れたい季節
御茶ノ水駅の反対側の神田川の土手には、春になるとわずかながら桜の木々が花を結ぶ。神田川に架かるアーチ形の聖橋、その背後に立ち並ぶビル群、御茶ノ水駅にで姿を現す地下鉄といった都会の風情に桜が色を添える。

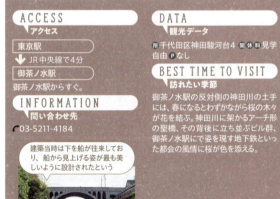

建築当時は下を船が往来しており、船から見上げる姿が最も美しいように設計されたという

二重橋

千代田区 MAP P.186 C-4

にじゅうばし

正門鉄橋と正門石橋の2本の橋
皇居の濠を渡す道

つなぐ場所

皇居

皇居前広場から入り、二重橋堀に架かる二重橋（手前の正門石橋・奥の正門鉄橋）を渡ると長和殿へと続く

水辺に映える橋の造形美

　皇居正門前には2本の橋が架かる。広場に近いほうの花崗岩の西洋建築の石橋が正門石橋で、一般にはこの橋が二重橋と誤認されている。だが、本来はその奥に架かる正門鉄橋が二重橋。江戸時代、ここには西の丸下乗橋という木造の二重橋が架かっていた。当時は堀がもっと深かったので、橋桁を支える土台の丸太の上にもう1本橋を重ねて造ったことからこう呼ばれた。現在は2本の橋を総称して二重橋ともいわれている。二重橋は新年の一般参賀や外国から賓客が訪問するなど、宮中の公式行事の際に使用される。

ACCESS
アクセス

東京駅
↓ JR山手線で2分
有楽町駅
↓ 東京メトロ有楽町線で2分
桜田門駅

桜田門駅から徒歩2分。または地下鉄・二重橋駅から徒歩3分。

INFORMATION
問い合わせ先

☎ 03-3213-1111

DATA
観光データ

所 千代田区千代田1-1　開休料 見学自由　P なし

BEST TIME TO VISIT
訪れたい季節

春の桜と秋の紅葉の皇居は奥ゆかしい。しかし、一般には公開されていないので、2つの橋を渡れるのは1月2日の新年の一般参賀のおり。また、皇居一般参観（日・月曜・祝日・その他を除く）で、二重橋も眺められる。

COLUMN

水の上から東京をのんびり眺める

隅田川絶景クルーズ

東京の乗り物は移動手段としてだけではなく、絶景を楽しむアトラクションにもなる。隅田川に架かる橋に注目すると、大都市の景観に新しい魅力が見えてきそう。

個性的なデザインの船で水上散歩に出かける

TOKYO CRUISE
トウキョウ クルーズ

MAP P.187 E-3

大都市の景観に新しい魅力がみえてきそう。浅草から隅田川を下ってお台場方面へ向かう観光船で、移動手段としても便利。テーマが異なるさまざまな船が運航しており、乗ること自体も楽しみだ。浅草発着所から出発し、隅田川に架かる橋やレインボーブリッジをくぐる。ひと味違う東京の景色を眺めながら、お台場海浜公園へ移動できる。

なし　東武浅草駅から徒歩1〜3分　台東区花川戸1-1-1　コースにより異なる　なし

EMERALDAS浅草お台場直通ライン
所要時間 55分
料金 2000円

クルーズで見られる隅田川の橋

白髭橋
しろひげばし

隅田区
MAP P.187 F-2

昭和6年(1931)竣工。壮大で伸びやかなアーチを描く鋼の橋は、当時の技術をうかがわせる優美な設計。

駒形橋
こまがたばし

台東区
MAP P.187 E-3

アール・デコスタイルの橋で欄干からはスカイツリーを望める。夜、ライトアップされた姿も必見。

吾妻橋
あづまばし

墨田・台東区
MAP P.187 E-3

浅草寺エリアと東京スカイツリーエリアをつなぐ朱色の橋。春には300本の桜が川岸に咲く。

厩橋
うまやばし

台東区
MAP P.187 E-3

関東大震災の復興事業により昭和4年(1929)に架けられた、隅田川で唯一の3連アーチ橋。

旅の目的に合わせて
利用できる水上バス

東京水辺ライン
とうきょうみずべライン
MAP P.187 E-3

両国リバーセンターを始発に隅田川、ベイエリアで運航している。周遊コースもあり、交通手段だけでなく、川や橋を巡るための観光船としての利用も可能だ。ナイトクルーズも運航中で、隅田川に架かる橋や東京湾の光輝く夜景を満喫できる。運航日・予約等は公式HPで要確認。

☎03-5608-8869
🚃JR／地下鉄・両国駅から徒歩3〜7分 所両国リバーセンター内
料コースにより異なる 休月・火曜 Pなし

浅草・お台場クルーズ
所要時間 15分〜
料金 400円〜

蔵前橋
くらまえばし
台東区
MAP P.187 E-3

両岸の地盤が高いため上路式アーチ橋になっており、橋の上からの景色を楽しめる。

佃大橋
つくだおおはし
中央区
MAP P.189 F-1

東京オリンピックが開催された昭和39年(1964)に架けられた。

永代橋
えいたいばし
台東区
MAP P.187 E-4

歌川広重の木版画にも登場。現在の橋は関東震災復興橋梁として大正15年(1926)に竣工。

勝鬨橋
かちどきばし
台東区
MAP P.189 F-1

可動橋として建設されたが、現在は開かずの橋になっている。重要文化財に指定される。

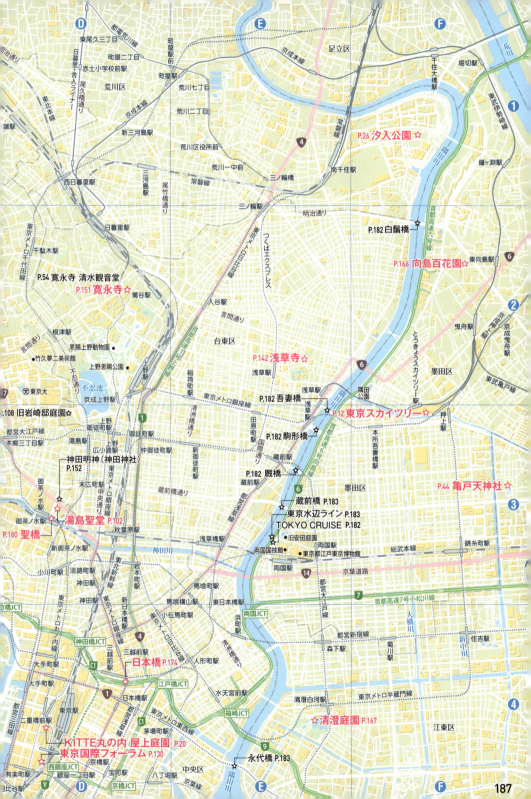

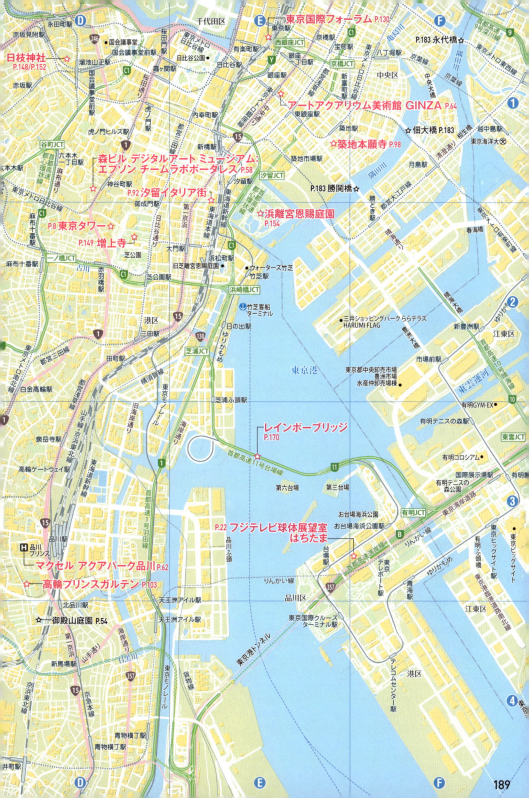

INDEX

あ アートアクアリウム美術館 GINZA ・・・・・・・・・・ 64
秋川渓谷 ・・・・・・・・・・・・・・・・・・・・・・・・・・・ 80
浅草文化観光センター ・・・・・・・・・・・・・・・ 145
浅草公会堂 ・・・・・・・・・・・・・・・・・・・・・・・・ 145
浅草花やしき ・・・・・・・・・・・・・・・・・・・・・・ 145
麻布台ヒルズ ・・・・・・・・・・・・・・・・・・・・・・・ 59
飛鳥山公園 ・・・・・・・・・・・・・・・・・・・・・・・・・ 55
荒井梅林 ・・・・・・・・・・・・・・・・・・・・・・・・・・・ 46

い イタリア公園 ・・・・・・・・・・・・・・・・・・・・・・・・ 95

う ウォーターズ竹芝 ・・・・・・・・・・・・・・・・・・・ 157
浮間公園 ・・・・・・・・・・・・・・・・・・・・・・・・・・ 105
梅屋敷跡 ・・・・・・・・・・・・・・・・・・・・・・・・・・・ 56

え SL広場 ・・・・・・・・・・・・・・・・・・・・・・・・・・・・ 95

お 大島 ・・・・・・・・・・・・・・・・・・・・・・・・・・・・・ 118
鷲神社 ・・・・・・・・・・・・・・・・・・・・・・・・・・・ 145
奥多摩湖 ・・・・・・・・・・・・・・・・・・・・・・・・・・ 82
奥多摩 水と緑のふれあい館 ・・・・・・・・・・ 83
お台場海浜公園 ・・・・・・・・・・・・・・・・・・・ 173
お鷹の道 湧水園 ・・・・・・・・・・・・・・・・・・・ 164
乙津花の里 ・・・・・・・・・・・・・・・・・・・・・・・・ 80
小山田緑地 ・・・・・・・・・・・・・・・・・・・・・・・・ 78

か 科学技術館 ・・・・・・・・・・・・・・・・・・・・・・・・ 35
勝鬨橋 ・・・・・・・・・・・・・・・・・・・・・・・101・183
Café33 ・・・・・・・・・・・・・・・・・・・・・・・・・・・ 35
歌舞伎座 ・・・・・・・・・・・・・・・・・・・・・・・・・ 101
亀戸天神社 ・・・・・・・・・・・・・・・・・・・・・44・56
カレッタ汐留 ・・・・・・・・・・・・・・・・・・・・・・・ 95
寛永寺 ・・・・・・・・・・・・・・・・・・・・・・・・・・・ 151
寛永寺 清水観音道 ・・・・・・・・・・・・・・・・・ 54
神田明神（神田神社）・・・・・・・・・・・・・・・・ 152
歓楓亭 ・・・・・・・・・・・・・・・・・・・・・・・・・・・・ 39

き 帰真園 ・・・・・・・・・・・・・・・・・・・・・・・・・・・ 73
北の丸公園 ・・・・・・・・・・・・・・・・・・・・・・・・ 35
KITTE丸の内 屋上庭園 ・・・・・・・・・・・・・ 20
Galaxy Harajuku ・・・・・・・・・・・・・・・・・・ 66
旧岩崎邸庭園 ・・・・・・・・・・・・・・・・・・・・・ 108
旧芝離宮恩賜庭園 ・・・・・・・・・・・・・・・・・ 157
旧前田家本邸 ・・・・・・・・・・・・・・・・・・・・・ 108
清澄庭園 ・・・・・・・・・・・・・・・・・・・・・・・・・ 167

く 九品仏川緑道 ・・・・・・・・・・・・・・・・・・・・・ 97

け 迎賓館赤坂離宮 ・・・・・・・・・・・・・・・・・・・ 106

こ 小石川後楽園 ・・・・・・・・・・・・・・・・・・・・・ 162
小岩菖蒲園 ・・・・・・・・・・・・・・・・・・・・・・・・ 51
皇居 東御苑 ・・・・・・・・・・・・・・・・・・・・・・・ 35
神津島 ・・・・・・・・・・・・・・・・・・・・・・・・・・・ 124
豪徳寺 ・・・・・・・・・・・・・・・・・・・・・・・・・・・ 150
紅葉亭 ・・・・・・・・・・・・・・・・・・・・・・・・・・・ 164
国営昭和記念公園 ・・・・・・・・・・・・・・・・・・ 36
国立極地研究所 南極・北極科学館 ・・・・・ 39
国立新美術館 ・・・・・・・・・・・・・・・・・・・・・ 134
木下沢梅林 ・・・・・・・・・・・・・・・・・・・・・・・・ 46
御殿山庭園 ・・・・・・・・・・・・・・・・・・・・・・・・ 54
五島美術館 ・・・・・・・・・・・・・・・・・・・・・・・・ 73
ゴルフ橋 ・・・・・・・・・・・・・・・・・・・・・・・・・・ 73

さ 郷さくら美術館 ・・・・・・・・・・・・・・・・・・・・ 31
さる園 ・・・・・・・・・・・・・・・・・・・・・・・・・・・・ 77

し シェラトン都ホテル東京 ・・・・・・・・・・・・・ 168
汐入公園 ・・・・・・・・・・・・・・・・・・・・・・・・・・ 26
汐留イタリア街 ・・・・・・・・・・・・・・・・・・・・・ 92
塩船観音寺 ・・・・・・・・・・・・・・・・・・・・・・・・ 40
史跡の駅 おたカフェ ・・・・・・・・・・・・・・・・ 90
品川プリンスホテル ・・・・・・・・・・・・・・・・・ 63
芝公園 ・・・・・・・・・・・・・・・・・・・・・・・・・・・ 157
渋谷区立松濤美術館 ・・・・・・・・・・・・・・・ 139
SHIBUYA SKY ・・・・・・・・・・・・・・・・・・・・ 4
石神井公園 ・・・・・・・・・・・・・・・・・・・・・・・・ 84
十間橋 ・・・・・・・・・・・・・・・・・・・・・・・・・・・・ 45
新宿御苑 ・・・・・・・・・・・・・・・・・・・・・・・・・ 160
神代植物公園 ・・・・・・・・・・・・・・・・・・・・・・ 50

す すずめのお宿緑地公園 ・・・・・・・・・・・・・・ 88

せ 絶景カフェ ぽっぽ ・・・・・・・・・・・・・・・・・・ 90
浅草寺 ・・・・・・・・・・・・・・・・・・・・・・・・・・・ 142

そ 雑司が谷旧宣教師館 ・・・・・・・・・・・・・・・ 107
増上寺 ・・・・・・・・・・・・・・・・・・・・・・・・・・・ 149

た 台東区立隅田公園 ・・・・・・・・・・・・・・・・・ 145
高尾山登山道 ・・・・・・・・・・・・・・・・・・・・・・ 74
高尾山駅展望台 ・・・・・・・・・・・・・・・・・・・・ 77
高尾山大見晴台 ・・・・・・・・・・・・・・・・・・・・ 77
高尾山薬王院 ・・・・・・・・・・・・・・・・・・・・・・ 77
高輪プリンセスガルテン ・・・・・・・・・・・・・ 103
たこ杉 ・・・・・・・・・・・・・・・・・・・・・・・・・・・・ 77
立川市歴史民俗資料館 ・・・・・・・・・・・・・・ 39
玉川上水 ・・・・・・・・・・・・・・・・・・・・・・・・・・ 86

ち 竹林公園 ・・・・・・・・・・・・・・・・・・・・・・・・・ 87
父島 ・・・・・・・・・・・・・・・・・・・・・・・・・・・・ 128
千鳥ヶ淵 ・・・・・・・・・・・・・・・・・・・・・・・・・・ 32
千鳥ヶ淵ボート場 ・・・・・・・・・・・・・・・・・・・ 35
千鳥橋 ・・・・・・・・・・・・・・・・・・・・・・・・・・・・ 25

つ	築地場外市場	101
	築地本願寺	98
	築地本願寺カフェ ツムギ	101
	つつじ茶屋	158
て	デッキカフェ ビッテ	90
と	東急プラザ原宿「ハラカド」	67
	東京カテドラル聖マリア大聖堂	136
	TOKYO CRUISE	182
	東京ゲートブリッジ	178
	東京国際フォーラム	130
	東京ジャーミイ・トルコ文化センター	104
	東京スカイツリー®	12
	東京タワー	8
	東京都庭園美術館	107
	東京豊洲 万葉倶楽部	173
	東京ビル TOKIA	133
	東京プリンスホテル	157
	東京水辺ライン	183
	東洋文庫ミュージアム	159
	トーチタワー	140
	常盤橋	177
	等々力渓谷	70
	等々力不動尊	73
	殿ヶ谷戸庭園	164
	富岡八幡宮	152
	豊洲ぐるり公園	173
な	中目黒駅前商店街	31
	中目黒公園	31
	波除神社	101
	奈良ばい谷戸	78
に	新島	110
	二重橋	181
	日原鍾乳洞	82
	日本銀行 本館	177
	日本橋	174
	日本橋 首都高地下化	140
ね	根がらみ前水田	52
の	野毛大塚古墳	73
は	八丈島	114
	鳩山会館	107
	パナソニック汐留美術館	95
	母島	128
	浜離宮恩賜庭園	154
ひ	日枝神社	148・152
	文京区立肥後細川庭園	137
	聖橋	180
	平井運動公園	48
ふ	ファーレ立川アート	39
	吹上しょうぶ公園	41
	福徳神社	177
	フジテレビ球体展望室 はちたま	22
	富士見橋	173
	プラタナス並木	161
ほ	ホテル椿山荘東京	68
	ホテルニューオータニ(東京)	168
	堀切菖蒲園	55
ま	マクセル アクアパーク品川	60
	町田薬師池公園	85
	松屋銀座	65
	丸の内ブリックスクエア	133
み	御蔵島	122
	水元公園	42
	三鷹市山本有三記念館	106
	御岳渓谷	89
	三井記念美術館	177
	三菱一号館美術館	133
	南島	128
	三宅島	126
む	向島百花園	166
め	明治神宮	146
	明治神宮ミュージアム	147
	明治安田ヴィレッジ 丸の内	133
	目黒川	28
	目黒天空庭園	31
も	毛利庭園	61
	モード学園コクーンタワー	138
	森美術館	135
	森ビル デジタルアート ミュージアム：エプソン チームラボボーダレス	56
ゆ	遊歩道梅林	46
	湯島聖堂	102
	夢の島熱帯植物館	179
ら	ラ・ヴィータ 自由が丘	96
り	六義園	158
	目黒不動尊	31
る	ルミネ立川	39
れ	レインボーブリッジ	170
ろ	六本木けやき坂通り	61
	六本木ヒルズ	61
	六本木ヒルズ展望台 東京シティビュー	16
	六本木ミュージアム	59
わ	わんダフルネイチャーヴィレッジ	53

STAFF

編集制作 Editors
(株)K&Bパブリッシャーズ

取材・執筆 Writers
高橋靖乃　好地理恵
松島頼子

本文・表紙デザイン Cover & Editorial Design
(株)K&Bパブリッシャーズ

表紙写真 Cover Photo
PIXTA

地図制作 Maps
トラベラ・ドットネット(株)
尾崎健一
石井正弥

写真協力 Photographs
関係諸施設
関係各市町村観光課・観光協会
PIXTA

総合プロデューサー Total Producer
河村季里

TAC出版担当 Producer
君塚太

エグゼクティブ・プロデューサー
Executive Producer
猪野樹

おとな旅プレミアム
日本の絶景 東京

2025年4月18日　初版　第1刷発行

著　　　者	TAC出版編集部
発　行　者	多　田　敏　男
発　行　所	TAC株式会社　出版事業部
	（TAC出版）

〒101-8383 東京都千代田区神田三崎町3-2-18
電話　03(5276)9492(営業)
FAX　03(5276)9674
https://shuppan.tac-school.co.jp

印　　　刷	株式会社　光邦
製　　　本	東京美術紙工協業組合

©TAC 2025　Printed in Japan　　ISBN978-4-300-11645-6
N.D.C.291　　　　　落丁・乱丁本はお取り替えいたします。

本書は，「著作権法」によって，著作権等の権利が保護されている著作物です。本書の全部または一部につき，無断で転載，複写されると，著作権等の権利侵害となります。上記のような使い方をされる場合には，あらかじめ小社宛許諾を求めてください。

本書に掲載した地図の作成に当たっては，国土地理院発行の数値地図（国土基本情報）電子国土基本図（地図情報），数値地図（国土基本情報）電子国土基本図（地名情報）及び数値地図（国土基本情報20万）を調整しました。